Entdecke Lebenswege, die Mut machen und zur Selbstfindung inspirieren.

FRAUEN STÄRKEN FRAUEN

Leading Ladies Circle

ANGELIKA STEIGER-CÖSLIN | MIRJAM SAEGER (HRSG.)

expertition Verlag & Herausgeber

Expertition
An der Alster 6
20099 Hamburg
Kontakt: info@expertition.de

ISBN Paperback: 978-3-910236-26-4
ISBN E-Book: 978-3-910236-27-1

Die Inhalte und die Gestaltung der Texte liegen in der alleinigen Verantwortung der Autorinnen. Der Verlag übernimmt keine Haftung für die in diesem Werk dargestellten Informationen, Empfehlungen oder Meinungen.

Die Leserinnen und Leser sind eigenverantwortlich dafür, die im Buch beschriebenen Inhalte und Vorschläge auf ihre individuelle Umsetzbarkeit sowie auf persönliche, rechtliche und gesundheitliche Konsequenzen zu prüfen.

Es wird ausdrücklich darauf hingewiesen, dass keine Heilversprechen gemacht werden und die beschriebenen Methoden, Übungen oder Vorschläge keine medizinische oder therapeutische Beratung ersetzen. Im Zweifelsfall sollten professionelle Fachleute konsultiert werden.

Der Verlag und die Autorinnen übernehmen keine Haftung für Schäden oder Nachteile, die aus der Anwendung der Inhalte dieses Werkes entstehen könnten.

Redaktionelle Mitarbeit: Ulli Jeute

Verlag: Expertition
Druck und Distribution im Auftrag des Verlags:
tredition GmbH, Heinz-Beusen-Stieg 5, 22926 Ahrensburg, Deutschland

INHALTSVERZEICHNIS

VORWORT
VON ANGELIKA STEIGER-CÖSLIN

Liebe Träumerin, Macherin, Visionärin, Lichtbringerin, dieses Buch ist für dich und für all die Frauen, die bereit sind, ihren Weg zu gehen, an ihre Visionen zu glauben und die Welt ein Stück heller zu machen. “Erfolgsgeheimnisse der Leading Ladies” ist viel mehr als nur ein Buch – es ist ein Stück unserer gemeinsamen Leading Ladies Circle-Geschichte, ein echtes Herzensprojekt, das zeigt, was möglich ist, wenn wir uns gegenseitig inspirieren und unterstützen.

Die Idee zu diesem Buch entstand, weil ich als Gründerin der Leading Ladies Community etwas Bleibendes schaffen wollte. Ein echtes Miteinander kreieren. Etwas von Frauen für Frauen. Etwas, das unsere Leading Ladies Community nicht nur repräsentiert, sondern sichtbar macht, was uns ausmacht: Mut, Zusammenhalt und die Fähigkeit, uns gegenseitig zu stärken. Es sollte ein wertvolles Buch werden – eines, in dem jede Leading Lady, ihre Stimme einbringen und ihre Erfahrungen teilen kann.

Warum? Weil ich überzeugt bin, dass jede von uns Frauen in dieser Welt etwas Wertvolles zu erzählen hat. Wir alle tragen Geschichten in uns, die andere ermutigen, Licht spenden und den Glauben an das eigene Potenzial stärken können. Und diese Geschichten dürfen, nein sie müssen in die Welt!

Genau das findest du in diesem Buch: Erfolgsgeheimnisse, die nicht aus einem Lehrbuch stammen, sondern direkt aus dem Leben. Geschichten von Frauen, die Höhen und Tiefen erlebt haben, die gewachsen sind und die bereit sind, ihre Erkenntnisse weiterzugeben. Es brauchte auch für dieses Buch an der ein oder anderen Stelle bei den Leading Ladies Mut, Überwindung von Selbstzweifeln, authentisches Hinsehen und den echten Willen, etwas mit diesem Buch in die Welt zu bringen. Etwas, was vielleicht du gerade brauchst, um deinen Weg besser und mutiger zu gehen.

Dieses Buch ist für dich, wenn du auf der Suche nach Inspiration bist. Es ist für dich, wenn du manchmal an dir selbst zweifelst. Und es ist für dich, wenn du den Wunsch spürst, mutiger für dich zu gehen. Es lohnt sich, sich mit anderen starken Frauen zu verbinden, die wissen, wie sich der Weg zu sich selbst anfühlt – mit all seinen Herausforderungen und all seinen Chancen.

An dieser Stelle möchte ich mich bei allen Leading Ladies bedanken, die dieses Buch mit ihren Beiträgen überhaupt erst möglich gemacht haben. Ihr habt euer Wissen, eure Erfahrungen und eure Herzen unglaublich weit geöffnet, und dafür bin ich euch unendlich dankbar. Seit wir zusammen sind, sind schon so viele berührende und bleibende Momente entstanden und ich freu mich, dass Ihr mit euren Buchbeiträgen zeigt, dass Erfolg nicht nur in Zahlen oder Titeln gemessen wird, sondern in der Bereitschaft, mutig zu sein, an sich zu glauben und andere auf diesem Weg mitzunehmen.

Was dich in diesem Buch erwartet? Geschichten, die unter die Haut gehen. Erfolgsgeheimnisse, die dich zum Nachdenken bringen. Und vor allem: eine geballte Ladung Zuversicht. Denn wenn wir erwas brauchen in dieser Welt, dann ist es mehr Licht, mehr Hoffnung und mehr Frauen, die bereit sind, ihr Potenzial zu leben.

Ich hoffe, dass dieses Buch dir Mut macht. Dass es dir zeigt, wie viel möglich ist – und dass es dich vielleicht sogar dazu inspiriert, deine eigene Geschichte zu schreiben. Und falls du dich fragst, was hinter diesem Buch steckt: Es ist die Leading Ladies Circle, eine Gemeinschaft, die ich gegründet habe, um genau das möglich zu machen. Ein Netzwerk für Frauen, die sich gegenseitig stärken und feiern, die voneinander lernen und die zusammen die Welt verändern wollen. Denn gemeinsam in einer vertrauensvollen Umgebung mit Gleichgesinnten zu sein, kann dein Leben unendlich bereichern, Wunden heilen, die Seele öffnen. So lernst du dich nochmals neu kennen und kannst dadurch immens wachsen. Egal ob im Business oder Privatleben. Es ist Zeit für Gemeinsamkeit. Es ist Zeit für: WIR verändern die Welt!

Wenn du beim Lesen dieses Buches spürst, wie dich die Geschichten berühren und etwas in dir in Bewegung bringen, dann möchte ich dir etwas mitgeben: Du musst deinen Weg nicht alleine gehen. Es gibt einen Ort, an dem Frauen wie du zusammenkommen – Frauen, die träumen, gestalten, fallen und wieder aufstehen. Einen Ort voller Mut, Inspiration und echter Verbindungen.

Die Leading Ladies Community ist genau das: eine Gemeinschaft, die dich nicht nur auffängt, sondern dich feiert, motiviert und dir hilft, deine Träume Wirklichkeit werden zu lassen. Hier geht es nicht um Perfektion, sondern um Echtheit. Um Frauen, die sich gegenseitig stärken, aneinander wachsen und zusammen mehr erreichen, als sie es je allein könnten.

Vielleicht spürst du gerade ein Kribbeln, eine kleine Stimme in dir, die flüstert: „Das könnte genau das sein, was ich brauche.“ Hör auf diese Stimme! Denn in der Leading Ladies Circle Community findest du mehr als nur Inspiration – du findest einen Ort, an dem du du selbst sein kannst. Einen Ort, an dem wir dich feiern für alles, was du bist, und dir den Rücken stärken, wenn der Weg mal steinig wird.

Dieses Buch ist nur ein kleiner Vorgeschmack auf die Kraft und den Spirit, die in unserer Gemeinschaft stecken. Stell dir vor, was möglich ist, wenn du Teil davon wirst. Wenn du deine Geschichte mit uns teilst, deine Träume mit Gleichgesinnten diskutierst und dich von der Energie anstecken lässt, die entsteht, wenn Frauen sich gegenseitig groß machen.

Ich lade dich herzlich ein, Teil dieser außergewöhnlichen Reise zu werden. Gemeinsam können wir so viel mehr erreichen. Du bist nicht allein – wir gehen diesen Weg zusammen, als Leading Ladies. Und ich verspreche dir: Deine Reise wird sich niemals mehr so einsam oder ungewiss anfühlen wie zuvor.

Von Herzen und voller Vorfreude auf alles, was vor uns liegt,

Angelika
Gründerin der Leading Ladies Community
Self-Leadership Mentorin und CORE100 Coach by Tony Robbins & Cloe Madanes

GRUSSWORT DER HERAUSGEBERIN

Es erfüllt mich mit Stolz und Freude, dieses inspirierende Buch als Herausgeberin mit meinem Verlag Expertition begleiten zu dürfen. „Erfolgsgeheimnisse der Leading Ladies" ist weit mehr als eine Sammlung von Geschichten – es ist ein kraftvolles Zeugnis dessen, was möglich wird, wenn Menschen den Mut finden, ihre Worte in die Welt zu tragen.

Jedes Kapitel dieses Buches ist eine Einladung, tiefer zu gehen, mutiger zu werden und an die eigene Vision zu glauben. Worte haben eine außergewöhnliche Macht: Sie können berühren, verändern und verbinden. Dieses Buch zeigt, wie wertvoll es ist, diese Macht zu nutzen – nicht nur für sich selbst, sondern auch, um andere zu inspirieren.

Ich bin überzeugt, dass jeder Mensch eine Geschichte in sich trägt, die gehört werden muss. Und ich glaube daran, dass genau diese Geschichten die Welt ein Stück heller machen können. Die Autor:innen dieses Buches haben ihre Erfahrungen, Erkenntnisse und ihr Wissen geteilt. Sie zeigen uns, dass Erfolg nicht nur in Zahlen oder Titeln gemessen wird, sondern in der Bereitschaft, zu wachsen, an sich selbst zu glauben und andere auf diesem Weg mitzunehmen.

Dieses Buch möchte dich ermutigen, deinen eigenen Weg zu gehen – mit all seinen Herausforderungen und Chancen. Es soll dir zeigen, wie viel möglich ist, wenn du den Mut hast, deine Geschichte zu erzählen. Denn jedes Wort, das du sprichst oder schreibst, kann für jemanden der Beginn einer neuen Inspiration sein.

Ich danke allen Autor:innen, die mit ihrem Mut, ihrer Ehrlichkeit und ihrem Herzen dieses Buch zu etwas ganz Besonderem gemacht haben. Und ich danke dir, dass du es in die Hand nimmst und die Geschichten auf dich wirken lässt.

Lass dich inspirieren, lass dich berühren – und vielleicht wagst auch du den Schritt, deine Stimme in die Welt zu tragen. Die Welt braucht mehr von dem, was du zu geben hast.

Trag deine Worte in die Welt!

Deine Mirjam Saeger

Herausgeberin und Verlegerin - Expertition

ANGELIKA STEIGER CÖSLIN: WAHRER ERFOLG BEDEUTET... – MEIN WEG ZU SELF-LEADERSHIP

Ich bin Angelika Steiger-Cöslin, Unternehmensberaterin und Coach für Self-Leadership, mehrfache Bestseller-Autorin, Speakerin, Gründerin des Leading Ladies Circle, Inhaberin meiner UNLEASH Academy, Ausbilderin von Premium Business Coaches, ehemalige Top Managerin in international höchst erfolgreichen Konzernen.

Warum erzähl ich dir das?

Weil du nun sicher denkst, boah, die ist aber erfolgreich oder vielleicht denkst du auch „Angeberin".

Was auch immer du über mich gerade denkst, ist deine Entscheidung und ein Spiegel dessen, wie du generell über Erfolg oder über erfolgreiche Menschen denkst, denn es ist deine bewusste Entscheidung, und auch ob du bereit bist, alles zu sehen und nicht nur die Titel und du damit nur an der Oberfläche kratzt, und eben nur diese bewertest.

Hier und heute geht es um echten Erfolg und das oben genannte wird gerne als erfolgreich bezeichnet. Wenn man einfach nur von außen das Bild von Erfolg sieht, mag das durchaus stimmen. Aber ich will dir zeigen, dass für mich Erfolg heute etwas ganz anderes bedeutet als nette Titel, ein Porsche und Louis Vuitton Taschen.

In meiner Arbeit und in meinem tagtäglichen Leben geht es um weit mehr als nur Business-Strategien und beruflichen Erfolg – es geht um das Menschsein, um innere Stärke, darum, die Führung und Verantwortung über und für sich selbst zu übernehmen. Dabei habe ich in meinem eigenen Leben immer wieder erfahren müssen, dass die größten Erfolge oft genau dann kommen, wenn wir mit den größten Herausforderungen konfrontiert sind.

Erfolg ist individuell – dein Weg ist einzigartig

Was bedeutet Erfolg eigentlich? Für dich, für mich, für irgendjemanden?

Für viele ist es der materielle Wohlstand oder besser gesagt Luxus, die große Karriere, das prestigeträchtige Projekt. Weisst du, für mich ist Luxus heute meine eigene Belohnung für meinen unerschütterlichen Glauben an mich, und nicht ein Zeichen von Erfolg. Früher war das anders. Da war der Porsche Status und das Kennzeichen für Erfolg. Die Rolex Pflichtprogramm am Handgelenk und die Louis Vuitton ein Must für den roten Lippenstift. Versteh mich nicht falsch, ich mag Luxus, aber inzwischen bedeutet er mir deutlich anderes als noch damals. Damals war es die Karotte.

In den letzten Jahren habe ich gelernt, dass Erfolg etwas viel Tieferes, viel Persönlicheres ist. Erfolg ist nicht nur das Erreichen eines vorgegebenen Ziels, sondern der Ausdruck deines eigenen Wachstums und deiner inneren Erfüllung. Jede Frau, natürlich auch jeder Mann hat seine eigene Definition von Erfolg – und genau das macht ihn so individuell und wertvoll.

Vielleicht ist Erfolg für dich, deine Stimme zu erheben und für deine Überzeugungen einzustehen. Vielleicht ist es, ein Unternehmen zu gründen, das deine Werte widerspiegelt. Vielleicht ist es die beste Mutter, Partnerin oder Freundin zu sein, die du sein kannst. Oder vielleicht ist es, dich aus einer schwierigen Lebenslage zu befreien und dir ein neues Leben aufzubauen. Erfolg ist das, was dich erfüllt, was dich morgens mit einem Lächeln aufstehen lässt und dich abends in Frieden einschlafen lässt.

Erfolg ist niemals linear. Es gibt keine Blaupause, kein Patentrezept. Jeder Weg ist anders, und genau das macht ihn so besonders. Die größte Hürde, die wir dabei überwinden müssen, ist oft nicht das Außen, sondern das Innen – unsere eigenen Ängste, Zweifel und inneren Blockaden. Doch wenn du dir bewusst machst, dass du die Gestalterin deines eigenen Erfolgs bist, öffnet sich ein unendlich schöner Raum voller Möglichkeiten.

Against all odds!

Mein Weg war niemals einfach. Aber dennoch hat er mich dahin geführt, wo ich bin. So dass ich mich als erfolgreich bezeichnen darf, nur für mich, nicht für dich. Denn was du als Erfolg siehst, ist deine Welt. Ich gehe täglich meinen Weg, der nur für mich richtig ist und meinen persönlichen Erfolg darstellt. Heute mehr denn jemals zuvor und ich lasse mich nicht mehr so schnell davon abbringen, das anzugehen, was nur für mich ein erfolgreiches Leben ausmacht. Manchmal sage ich scherzhaft, ich gehe: "Against all odds!". Gegen alle Widerstände.Und das meine ich auch so. Nicht jeder Mensch, der mir begegnet, findet das klasse, was ich mache. Ich aber schon. So einfach ist es. Wenn es mit Respekt und Wertschätzung gegenüber anderen geschieht, ist es ok, wie ich finde.

Erfolg ist das, was du für dich definierst. Nicht der Nachbar, die beste Freundin, nicht der Ehepartner. Es geht nur um dich.

Und glaub mir, der Weg zum Erfolg ist selten eine Gerade, auf der man mit einem chicen Porsche mit 289 km/h fährt (sind bei 290 km/h übrigens alle abgeriegelt, ist leider so). Ich hoffte das lange Zeit, bis mir klar wurde, dass es nicht nur bei mir nicht immer geradeaus geht, sondern durchaus mal Hügel, Einbahnstraßen und Weggabelungen kommen, die nicht ausgeschildert sind. Ich bin heute sicher, es ist bei jedem erfolgreichen Menschen immer wieder ein Auf und Ab. Inzwischen konnte ich mit einigen sehr erfolgreichen Menschen persönlich Zeit verbringen und weiss auch, dass es die Gerade nicht gibt. Ein Rechts oder Links ist normal. Entscheidungen, die unklar sind oder vielleicht auch falsch, hat jeder im Erfolgskoffer.

Aber es gibt einen roten Faden, und den verrate ich dir.

Es ist die Art und Weise, wie man das Hoch geniesst und das Tief bewältigt, wie man Entscheidungen angeht und auch bei grösster Unsicherheit dennoch fällt, weil man an sich glaubt. MUT zum Risiko und der GLAUBE an sich selbst. Nur das ist der entscheidende Unterschied, warum manche Menschen scheinbar mühelos zum Erfolg kommen und andere die vermeintlich ewigen Pechvögel sind.

Vom Schicksal gezeichnet, aber nicht besiegt

Nicht selten wurde ich durch Rückschläge auf die Probe gestellt. Der Verlust meiner ungeborenen und so sehr ersehnten Zwillinge, eine Scheidung, dann die schlimme Krebsdiagnose, schwerwiegende Auto-Unfälle innerhalb weniger Wochen- 2 Totalschäden (unverschuldet - ehrlich. In der Notaufnahme begrüßte man mich schon mit Vornamen, zwar nett aber dennoch nicht wirklich lustig), mehrere Notoperationen und ein monatelanger Kampf im Krankenhaus um mein Leben. Hallelluhja schwere Zeiten, in denen man sich fühlt, als würde man durchgeschüttelt, zu Boden geworfen und vergessen vom Glück werden, sobald man einen Schritt vorwärts macht. Das Schicksal scheint einem übel mitzuspielen, und die Frage „Womit habe ich das verdient?" taucht natürlich unbewusst mal auf. Doch genau in diesen Momenten liegt der Schlüssel zum Erfolg verborgen.

Es geht nicht darum, unfehlbar oder unbesiegbar zu sein. Es geht darum, immer wieder aufzustehen, den eigenen Weg weiterzugehen und auf das eigene Potenzial unbeirrbar zu vertrauen – wenn es schwer fällt, dennoch an sich zu glauben, auch wenn es von außen betrachtet wie ein Scheitern aussieht.

Die Herausforderungen, die ich durchlebt habe, waren nicht einfach nur Rückschläge – sie waren Weckrufe. Weckrufe, die mir klar gemacht haben, wie kostbar das Leben ist und dass jeder Moment zählt. Annehmen, was ist, und darauf vertrauen, dass alles aus einem bestimmten Grund geschieht, ist keine einfache Aufgabe, aber eine unglaublich kraftvolle.

Als ich meine Krebsdiagnose erhielt, war es, als würde die Welt um mich kurz stillstehen. Plötzlich werden alltägliche Probleme bedeutungslos und die eigene Verletzlichkeit wird schmerzhaft deutlich. Ich habe mich dennoch in den letzten Jahren immer weniger gefragt: „Warum ich?". Es bringt ja wenig, immer im Jammertal zu sein, denn dadurch ist man blockiert für Lösungen. Frag dich, was darf ich nun für mein Next Level lernen?

Annehmen, weitergehen…oder wie heisst es so schön: lächeln, Krone richten, weitergehen.

Ich weiss nicht, wann ich angefangen habe, mich in Selbstführung und damit im Krone richten und lächelnd weitergehen zu üben, aber ich glaube, es fing schon vor vielen Jahren an. Als ich merkte, dass, wenn ich mich selbst gut und wertschätzend führen kann, ich auch andere gut führen kann. Menschen merken schnell, ob du dich selbst magst und gut zu dir bist. Ob du stark und authentisch bist. Sie vertrauen dir dann und fühlen sich bei dir wohler. Deine gute Energie strahlt weit über deine Aura hinaus. Sie geht mitten ins System anderer Menschen.

Mich mit Hochachtung und Respekt zu behandeln, änderte sehr sehr viel in meinem Leben. Mein Weg zum Erfolg führt seit vielen Jahren primär darüber. Der Glaube an mich, die Selbstführung und der wertschätzende Umgang mit mir. Nicht immer einfach, aber definitiv heilsam. Und mit regelmäßiger Übung fällt es leichter. Irgendwann kapiert es auch der kleine Monk im Gehirn, dass du an dich selbst glaubst und verstummt.

Irgendwann habe ich zudem begonnen, die Fragen an mich selbst anders zu stellen:

Aus: „Muss das denn ständig mir passieren?" wurde:

"Was soll ich daraus lernen?"

"Was darf ich nun ändern oder anders sehen? "

"Was ist der nächste gute Schritt zum Erfolg?"

"Was brauche ich heute, um zu heilen?"

Und auf einmal sieht man das Leuchten und weniger den Schatten in Ereignissen.

Alles, was dir passiert, hat seinen Grund! Und aufgeben ist nie eine gute Option !

Meine Ausbildung bei Tony Robbins zum Coach änderte viel in meinem Leben, vor allem aber die Fragen, die ich nicht nur meinen Kunden, sondern auch mir selbst seither stelle.

Manchmal frage ich einfach das Universum:

“Hey Universum, was willst du mir damit nun sagen?“

Ich schwör dir, du bekommst immer eine Antwort, wenn du dir klärende positive Fragen laut stellst. Probiers einfach mal aus. Ich kann dir gerne ein paar geben.

Die veränderte Perspektive oder besser sage ich doch neudeutsch: mein deutlich klügeres Mindset hat mich unglaublich gestärkt. Ich habe mich nicht mehr als Opfer meiner Umstände gesehen, sondern als Gestalterin meines Lebens – egal, wie hart die Prüfungen auch sein mochten oder auch zukünftig sein werden.

Warum jede Frau Erfolg haben kann

Es ist eine Tatsache: Jede Frau kann Erfolg haben – auf ihre eigene Art und Weise. Es braucht keinen perfekten Lebenslauf, keine lückenlose Erfolgsstory und schon gar nicht die Zustimmung der Gesellschaft. Was es braucht, ist der Mut, sich selbst zu erkennen, die eigenen Stärken zu leben und den eigenen Werten treu zu bleiben. Erfolg entsteht nicht im Außen, sondern wächst von innen heraus. Er ist das Ergebnis deiner Entscheidungen, deiner Überzeugungen und deines Selbstvertrauens.

Ein zentraler Aspekt meiner Arbeit als Coach ist es, Frauen dabei zu unterstützen, ihre innere Stärke zu entdecken und sich von gesellschaftlichen Erwartungen und festgefahrenen Rollenbildern zu befreien. Viele Frauen glauben aber, dass sie etwas Bestimmtes erreichen müssen, um als erfolgreich zu gelten. Doch Erfolg ist kein Vergleich, kein Wettkampf und keine Checkliste. Erfolg ist, wenn du deinen eigenen Weg gehst und dabei in Einklang mit dir selbst bist.

Der Schlüssel liegt in der Selbstführung – im Self-Leadership. Das bedeutet, Verantwortung für sich selbst zu übernehmen, sich nicht von äußeren Umständen aus der Bahn werfen zu lassen und den eigenen Weg selbstbewusst zu gehen. Es bedeutet, dir selbst die Erlaubnis zu geben, die Frau zu sein, die du sein möchtest – unabhängig davon, was andere davon halten. Self-Leadership ist die Macht, dein eigenes Leben zu gestalten, deine Ziele zu definieren und dein Potenzial zu leben.

Die Kraft des Annehmens: Der Schlüssel zu innerer Stärke und echtem Erfolg

Das Wichtigste, was ich in meinem Leben gelernt habe – und was ich heute mit voller Überzeugung an andere weitergebe – ist die Bedeutung des Annehmens.

Die Herausforderungen, die uns das Leben auferlegt, lassen sich nicht immer ändern. Oft haben wir keinen Einfluss auf die äußeren Umstände. Wir können weder die Vergangenheit rückgängig machen noch alle Ereignisse im Hier und Jetzt kontrollieren, die uns widerfahren. Noch können wir die Zukunft steuern. Aber was wir jederzeit ändern können, ist unsere Haltung dazu.

Viele Menschen neigen dazu, gegen ihre Realität anzukämpfen. Sie hadern mit dem, was ihnen widerfährt, beschweren sich über Ungerechtigkeiten und fühlen sich als Opfer der Umstände. Doch genau hier liegt der Punkt, an dem die meisten scheitern. Das Hadern, das Festhalten an der Idee, dass „es hätte anders kommen müssen", raubt uns Energie, blockiert unser Denken und verhindert unser Wachstum.

DAS ist der allergrößte Erfolgskiller, den es gibt.

Annehmen bedeutet nicht, aufzugeben oder sich in eine Opferrolle zu begeben. Ganz im Gegenteil: Es ist der erste Schritt, die Kontrolle über das eigene Leben zurückzugewinnen. Es geht nicht darum, passiv alles hinzunehmen oder uns mit dem Status quo abzufinden, sondern darum, die Realität zu akzeptieren, so wie sie ist, und aus dieser Akzeptanz heraus die innere Kraft zu schöpfen, um die nächsten Schritte zu gehen. Annehmen bedeutet, die Verantwortung für das eigene Leben zu übernehmen und aus jeder Situation das Wichtigste für dich und damit das Beste zu machen – egal, wie schwierig sie erscheint. Nicht einfach, aber mit etwas Übung durchaus machbar. Ich bin auch nur ein Mensch und beherrsche das und glaub mir, du schaffst das auch.

Warum Akzeptanz der Schlüssel zum Erfolg ist

Das Leben besteht aus Höhen und Tiefen, das ist eine unveränderliche Wahrheit. Jeder, der behauptet, Erfolg sei eine lineare Aufwärtskurve, verschließt die Augen vor der Realität. Erfolg ist ein ständiges Auf und Ab, ein Prozess, der von Rückschlägen, Fehlern und

Herausforderungen geprägt ist. Doch genau diese Tiefen bieten uns die größten Wachstumschancen.

> *„Erfolg bedeutet nicht, dass alles perfekt läuft, sondern dass du trotz aller Herausforderungen deinen eigenen Weg gehst, aus jedem Rückschlag lernst und niemals aufgibst, an dich selbst zu glauben."* – Angelika Steiger-Cöslin

„Never give up" ist nicht nur ein Spruch, es ist meine Lebenshaltung!

Es bedeutet, dass du tief in dir drin weißt, dass alles, was dir widerfährt – sei es gut oder schlecht – einen tieferen Sinn hat. Jede Herausforderung, jeder vermeintliche Rückschlag birgt in sich die Möglichkeit der Weiterentwicklung. Aber um diese Chance zu erkennen, musst du bereit sein, die Situation anzunehmen, so wie sie ist. Solange du im Widerstand verharrst, bleibt dir der Blick für das Wesentliche, für das Lernen und Wachsen verborgen.

Es gibt keinen Erfolg ohne Rückschläge, keine Höhen ohne Tiefen. Und genau darin liegt die Stärke, die ich immer wieder versuche, anderen Frauen zu vermitteln: Es ist nicht das Scheitern an sich, das uns hindert, voranzukommen – es ist unsere Reaktion darauf. Wie oft sehen wir Rückschläge als endgültiges Scheitern an, als unüberwindbare Hürden? Doch der entscheidende Unterschied zwischen denen, die langfristig erfolgreich sind, und denen, die aufgeben, liegt darin, wie sie mit Rückschlägen umgehen. Die einen bleiben stehen und verharren in ihrer Frustration, die anderen nehmen an, was ist, und gehen entschlossen und selbstbewusst weiter.

Akzeptanz ist der Schlüssel zu innerer Stärke. Wenn du in der Lage bist, auch die schwierigsten Momente deines Lebens anzunehmen, statt dich gegen sie zu wehren, sie x-Mal zu hinterfragen oder zu verteufeln, gewinnst du eine enorme innere Freiheit. Diese Freiheit gibt dir die Kraft, nach vorne zu schauen, statt dich an der Vergangenheit festzuklammern. Es ist die Freiheit, loszulassen, was du nicht ändern kannst, und deine Energie auf das zu lenken, was du gestalten kannst. Annehmen bedeutet nicht, die Umstände passiv zu erdulden, sondern zu erkennen, dass jeder Moment, jedes Hindernis eine Chance zur Veränderung und zum Wachstum in sich trägt.

Der Weg zu echtem Erfolg führt durch die schwierigsten Momente. Es gibt keine Abkürzung, keinen einfachen Ausweg. Es tut mir leid, wenn ich dich nun evtl der Illusion beraube, dass irgendwer die schnelle Autobahn zum Erfolg gebaut hat und du musst nur die richtige Auffahrt finden. Klar, kann dir ein guter Coach oder Mentor, der die Tiefen schon durchlebt hat und da rausgefunden hat, einige Hindernisse aus dem Weg räumen udn dir helfen eine guten Weg zu gehen. Aber dennoch wirst du immer wieder mal ein Ab erleben.

Doch wenn du lernst, Herausforderungen als Teil des Wegs zu deinem persönlichen Erfolg zu akzeptieren, anstatt sie zu fürchten oder zu verfluchen, wirst du feststellen, dass gerade in diesen Momenten das größte Potenzial für deinen persönlichen und beruflichen Erfolg liegt. Diese Erkenntnis erlaubt es dir, mit einem echten Lächeln weiterzugehen – auch wenn der Weg steinig ist. Denn du weißt, dass jeder Schritt, den du gehst, dich nicht nur vorwärts, sondern auch nach innen bringt: zu mehr Selbstvertrauen, mehr Gelassenheit, Mut und einer tieferen Verbindung zu dir selbst führt. Du wirst durch die Tiefs definitiv jedes Mal noch leichter durchgehen und was ich dir verspreche: jedesmal deutlich gestärkter.

Wie du die Kraft des Annehmens kultivierst

Annehmen ist nicht immer leicht, und oft stellt es eine große Herausforderung dar. Es erfordert Mut, die Dinge so zu sehen, wie sie sind, ohne dabei die Hoffnung oder den Willen zu verlieren, etwas zu verändern.

Hier sind ein paar Schritte, die dir helfen können, die Kunst des Annehmens in deinem Leben zu kultivieren und vor allem auch zu verinnerlichen, so dass es in Fleisch und Blut übergeht:

Akzeptiere deine Gefühle

Oft sind es nicht die Umstände selbst, die uns am meisten belasten, sondern die Art und Weise, wie wir darauf reagieren. Erlaube dir, deine Gefühle – ob Schmerz, Wut oder Trauer – anzuerkennen. Diese Emotionen sind menschlich und vollkommen normal. Wenn du sie nicht verdrängst, sondern ihnen Raum gibst, kannst du sie leichter loslassen.

Sei präsent im Moment

Viele unserer Sorgen und Ängste entstehen, weil wir entweder in der Vergangenheit leben oder uns um die Zukunft sorgen. Doch das einzige, was wirklich zählt, ist der jetzige Moment. Wenn du lernst, im Hier und Jetzt zu leben, wirst du erkennen, dass jeder Moment eine neue Möglichkeit birgt.

Frage dich

Was kann ich daraus lernen? Jede Herausforderung enthält eine Lektion. Wenn du bereit bist, diese Lektion zu sehen, wirst du erkennen, dass selbst die schwierigsten Situationen dir etwas

Wertvolles mitgeben können. Diese Perspektive zu entwickeln, ist der Schlüssel zu persönlichem Wachstum.

Fokussiere dich auf das, was du ändern kannst

Es gibt immer Dinge, die außerhalb deiner Kontrolle liegen. Doch es gibt auch immer Aspekte, die du beeinflussen kannst – sei es deine Einstellung, deine Reaktionen oder deine Entscheidungen. Konzentriere dich darauf, was du aktiv gestalten kannst, und lass los, was du nicht ändern kannst.

Vertraue dem Prozess

Glaube daran, dass das Leben dich genau dahin führt, wo du sein sollst. Manchmal scheint der Weg dunkel und steinig, doch wenn du darauf vertraust, dass jede Erfahrung dich wachsen lässt, wirst du letztlich genau dorthin gelangen, wo du hingehörst.

Die größten Wachstumschancen liegen oft in den schwierigsten Momenten. Nimm an, was ist, lerne daraus, und gehe mit einem Lächeln weiter – auch wenn der Weg steinig ist. Diese innere Haltung des Annehmens verleiht dir nicht nur Gelassenheit, sondern auch die Kraft, selbst aus den tiefsten Tälern des Lebens emporzusteigen.

Werte als Kompass im Leben und Business

Meine Arbeit und mein Leben basieren auf klaren Werten:

Gerechtigkeit, Wertschätzung, Selbstbestimmung und Respekt.

Diese Werte sind für mich inzwischen nicht verhandelbar und bilden den Kern all meiner Entscheidungen – beruflich wie privat. In einer Welt, in der oft die Ellenbogenmentalität dominiert und in der Werte wie Wertschätzung und Respekt schnell verloren gehen, bin ich überzeugt, dass genau diese Prinzipien, sprich gute Werte, langfristigen Erfolg garantieren. Aber die eigenen Werte kennen die wenigsten, und das verursacht oft viele Fragezeichen oder Missverständnisse im Leben. Kennst du deine Werte überhaupt?

Wenn nicht, empfehle ich dir, dich wirklich mal intensiv damit zu beschäftigen. Es ist ein Mindopener auch für zwischenmenschliche Themen.

Gerechtigkeit bedeutet für mich, fair zu handeln und nicht nur den eigenen Vorteil im Blick zu haben, sondern auch das Wohl der Menschen um mich herum. Gerechtigkeit ist nicht nur nehmen, sondern auch geben. Die Menschen zu sehen und nicht zu übersehen. Gerechtigkeit ist für mich auch der Persönlichkeit und den Bedürfnissen des anderen gerecht zu sein.

Wertschätzung ist der Schlüssel, um tiefe Verbindungen aufzubauen – im Business und im Leben. Denn am Ende des Tages erinnern wir uns nicht an Zahlen oder Erfolge, sondern an die Art und Weise, wie wir uns gegenseitig behandelt haben.Wertschätzung heißt auch, die Werte des anderen zu respektieren, und darauf im Umgang miteinander Rücksicht zu nehmen und auch anzuerkennen, was jemand an Wert in das Miteinander einbringt. Jeder Mensch mag respektiert und wertgeschätzt werden.

Doch es war und ist der Wert Respekt, der für mich persönlich den entscheidenden Unterschied gemacht hat. Und vor allem der Respekt vor mir selbst. In meinen dunkleren Stunden – wenn die mentale und körperliche Kraft zu schwinden drohte – habe ich gelernt, wie wichtig es ist, sich selbst treu zu bleiben, für die eigenen Bedürfnisse einzustehen und sich selbst mit höchstem Respekt und mit Liebe zu behandeln. Dieser innere Kompass hat mir zum Glück immer wieder den Weg gewiesen, selbst wenn äußerlich alles aus den Fugen geraten war.

Ich glaube aber auch, dass einige Schutzengel immer wieder ordentlich zu tun hatten und haben mit mir. Danke Ihr Lieben - ihr seid wirklich GOLD und LIEBENswert!

Selbstbestimmung: Der Weg zu authentischem Erfolg

Neben den Werten Gerechtigkeit, Wertschätzung und Respekt ist ein weiterer zentraler Aspekt meines Lebens und meiner Arbeit als Coach für Self-Leadership mein Wert der Selbstbestimmung.

Selbstbestimmung bedeutet für mich, die Verantwortung für das eigene Leben zu übernehmen und bewusst zu entscheiden, wer man sein will, was man erreichen möchte und wie man seinen eigenen Weg geht. Sie ist die Grundlage für wahres Wachstum und Erfolg – auf deine eigene, individuelle Art und Weise.

Was ist Selbstbestimmung?

Selbstbestimmung bedeutet, die Zügel des eigenen Lebens in die Hand zu nehmen, anstatt sich von äußeren Umständen oder Erwartungen steuern zu lassen. Es bedeutet, dass du die Autorin deines Lebens bist – diejenige, die über deine Entscheidungen, deine Haltung und deine Ziele bestimmt.

Für mich ist Selbstbestimmung ein Ausdruck der tiefsten Freiheit:

die Freiheit, sich selbst zu kennen, sich für die eigenen Bedürfnisse einzusetzen und die Kraft zu haben, Entscheidungen zu treffen, die mit den eigenen Werten im Einklang stehen.

Diese Freiheit kann uns niemand geben – wir müssen sie uns selbst erarbeiten, durch Selbstreflexion, durch das Setzen klarer Grenzen und durch die Bereitschaft, uns den Herausforderungen des Lebens zu stellen, anstatt ihnen auszuweichen.

In meiner eigenen Geschichte war Selbstbestimmung oft der entscheidende Faktor, der mich durch die schwierigsten Zeiten getragen hat. Die gesundheitlichen Herausforderungen, die ich durchlebt habe – von Krebserkrankungen bis hin zu lebensbedrohlichen Infektionen – hätten mich leicht in eine Opferrolle drängen können. Es wäre einfacher gewesen, aufzugeben oder mich von den Umständen bestimmen zu lassen. Doch ich habe bewusst den Weg der Selbstbestimmung gewählt. Glaub mir, manchmal ist mir dabei wirklich übel geworden, weil ich den Weg zum Ziel nicht kannte und mir unabdingbar selbst vertrauen musste, dass ich ihn finden werde.

Selbstbestimmung ist keine einmalige Entscheidung, sondern ein fortlaufender Prozess, in dem wir uns immer wieder selbst die Frage stellen müssen:

„Bin ich wirklich die, die ich sein möchte?

"Handle ich gerade in Übereinstimmung mit meinen Werten und Zielen?"

Diese Fragen helfen uns, nicht nur in herausfordernden Zeiten, sondern auch im alltäglichen Leben unseren Kurs zu halten und uns nicht von den Erwartungen anderer oder äußeren Zwängen beeinflussen zu lassen.

Selbstbestimmung als Fundament für Erfolg

Was Erfolg für jede einzelne Frau bedeutet, ist so individuell wie ihre Persönlichkeit. Doch eines ist sicher: Wahrer Erfolg ist nur dann möglich, wenn er auf der Basis von Selbstbestimmung aufgebaut ist. Es gibt unzählige Wege, um erfolgreich zu sein, aber keiner davon führt daran vorbei, die eigene innere Stimme zu hören und nach den eigenen Werten zu handeln.

Ich begegne oft Frauen, die sich in einem Leben gefangen fühlen, das sie nicht bewusst gewählt haben. Sie folgen Karrieren, die nicht ihre Leidenschaft widerspiegeln, oder sie passen sich gesellschaftlichen Erwartungen oder ihrem Partner an, was nicht mit ihrem inneren Selbst im Einklang steht. Diese Frauen fühlen sich ausgebrannt, unerfüllt und manchmal sogar gefangen in einem Leben, das sie als „Erfolgsweg" verstanden haben, das ihnen aber keine Freude bereitet.

Deshalb ist Selbstbestimmung so wichtig. Erfolg ohne Selbstbestimmung ist kein echter Erfolg. Er ist hohl, oberflächlich und führt letztlich nicht zu der inneren Erfüllung, die wir uns alle wünschen. Wenn du dich auf den Weg machst, deinen Erfolg auf Basis deiner eigenen Entscheidungen, Wünsche und Werte zu gestalten, dann wirst du nicht nur äußerlich erfolgreich sein, sondern auch innerlich immens wachsen und vor allem tiefen inneren Frieden finden.

Der Weg zur Selbstbestimmung – Ein bewusster Prozess

Selbstbestimmung ist kein Zufall und sie kommt nicht von selbst. Es ist ein bewusster Prozess, der immer mal einige Zeit und tiefe Reflexion erfordert.

Hier sind einige Schritte, die dir helfen können, Selbstbestimmung in deinem Leben zu verankern:

Erkenne deine eigenen Bedürfnisse und Wünsche.

Der erste Schritt zur Selbstbestimmung ist die Selbsterkenntnis.

Wer bist du wirklich, jenseits von Rollen, die du spielst, oder Erwartungen, die andere an dich haben?

Was sind deine tiefsten Wünsche und Ziele?

Diese Fragen sind oft nicht einfach zu beantworten, aber sie sind essenziell, um deinen eigenen Weg zu finden.

Setze klare Grenzen.

Ein selbstbestimmtes Leben bedeutet, dass du dir darüber im Klaren bist, wo deine Grenzen liegen und wann du „Nein" sagen musst – sowohl zu äußeren Einflüssen als auch zu deinen eigenen Tendenzen, dich von Erwartungen anderer leiten zu lassen. Grenzen zu setzen ist kein Akt der Selbstsucht, sondern ein Akt des Selbstrespekts.

Triff bewusste Entscheidungen.

Jeden Tag treffen wir unzählige Entscheidungen – manche groß, manche klein. Doch oft lassen wir uns von Gewohnheiten, Ängsten oder äußeren Umständen leiten, anstatt bewusst zu entscheiden. Frage dich bei jeder wichtigen Entscheidung: „Kommt diese Entscheidung aus mir heraus, oder reagiere ich auf äußeren Druck?"

Übernimm Verantwortung für dein Leben.

Selbstbestimmung bedeutet auch, Verantwortung für dein eigenes Leben und deine Entscheidungen zu übernehmen. Das bedeutet, nicht die Umstände oder andere Menschen für dein Glück oder Unglück verantwortlich zu machen. Es ist dein Leben, und du hast die Macht, es zu gestalten – mit allen Herausforderungen, die dazu gehören.

Vertraue auf deine innere Stimme.

Selbstbestimmung setzt Vertrauen in die eigene Intuition voraus. Oft wissen wir tief in uns, was richtig für uns ist, aber wir ignorieren diese innere Stimme, weil wir Angst vor Veränderung haben oder weil wir glauben, den Erwartungen anderer entsprechen zu müssen. Vertraue dir selbst. Deine innere Stimme ist dein sicherster Kompass.

Selbstbestimmung in den schwierigsten Momenten

Besonders in Zeiten großer Herausforderungen zeigt sich, wie tief der Wert der Selbstbestimmung in uns verankert ist. Als ich mit meiner eigenen Krebserkrankung konfrontiert wurde, hätte ich leicht in Passivität verfallen können. Aber ich habe bewusst entschieden, dass ich – und nicht die Krankheit – darüber bestimmen werde, wie ich mein Leben führe. Diese Entscheidung hat mir unglaubliche Kraft gegeben. Sie hat mir gezeigt, dass ich immer die Macht habe, meinen eigenen Weg zu gestalten.

Selbstbestimmung bedeutet nicht, dass du immer die Kontrolle über das Äußere hast. Aber es bedeutet, dass du immer die Kontrolle über deine innere Haltung und deine Reaktionen haben kannst. Nur du entscheidest, wie du mit Herausforderungen umgehst, wie du sie interpretierst und welche Lektionen du daraus ziehst. Selbst in den schwersten Momenten kannst du selbstbestimmt handeln, indem du dich dafür entscheidest, Verantwortung für deine Gedanken und Gefühle zu übernehmen.

Erfolg beginnt mit Selbstbestimmung

Was auch immer deine Ziele und Träume sind – ob du im Beruf Großes erreichen willst, eine Familie gründest oder dich persönlich weiterentwickeln möchtest – dein Erfolg beginnt und endet mit deiner Selbstbestimmung. Du bist diejenige, die darüber entscheidet, was Erfolg für dich bedeutet. Du bist diejenige, die die all entscheidende Macht hat, dein Leben nach deinen eigenen Vorstellungen zu gestalten. Und du bist diejenige, die den Mut aufbringen kann und muss, deinen eigenen Weg zu gehen – auch wenn er nicht den Erwartungen anderer entspricht.

Erfolg ist nichts, das dir gegeben wird. Erfolg ist etwas, das du selbst erschaffst. Und er beginnt in dem Moment, in dem du dich entscheidest, dein Leben in die Hand zu nehmen und bewusst zu gestalten. Du hast die Kraft, du hast die Freiheit – nutze sie.

Der innere Dialog – die Stimme des Erfolgs

Eine der größten Herausforderungen in diesen schwierigen Zeiten war für mich der innere Dialog. Unsere Gedanken sind mächtig, und sie formen unsere Realität. Wenn du in schwierigen Situationen gegen dich selbst kämpfst, an dir zweifelst oder dich gar selbst verurteilst, machst du dir das Leben unnötig schwer. In Zeiten der Herausforderung habe ich mir immer wieder vor Augen geführt, dass das Leben, so herausfordernd es auch sein mag, stets etwas von uns möchte:

Wachstum, Erkenntnis und Veränderung

Ich habe gelernt, mir selbst Fragen zu stellen, die mir neue Perspektiven eröffneten: „Was kann ich aus dieser Situation mitnehmen? Wie kann ich an dieser Herausforderung wachsen?" Anstatt mich von meinen Ängsten leiten zu lassen, habe ich mich bewusst dafür entschieden, auf meine innere Stärke zu vertrauen. Es war manchmal ein harter und täglicher Kampf, aber auch eine tägliche Entscheidung für mich selbst und mein Leben.

Nie aufgeben: Der Weg des Erfolgs liegt im Annehmen

Das Wichtigste, was ich in meinem Leben gelernt habe und was ich heute als Coach weitergebe, ist die Bedeutung des Annehmens. Die Umstände ändern sich nicht, indem man sich über sie beschwert oder mit ihnen hadert. Sie ändern sich, wenn man beschließt, die eigene Haltung zu ändern. Anzunehmen bedeutet nicht, aufzugeben oder sich in eine Opferrolle zu begeben. Es bedeutet, die Realität zu akzeptieren und daraus das Beste zu machen.

Ich sage immer: „Never give up." Wenn du daran glaubst, dass alles, was dir zustößt, einen tieferen Sinn hat, wirst du erkennen, dass jede Herausforderung eine Chance zur Weiterentwicklung ist. Und dann muss man nicht aufgeben. Denn man erkennt, dass genau im Tief unendlich viel Potenzial liegt.

Es gibt keinen Erfolg ohne Rückschläge, keine Höhen ohne Tiefen. Aber der entscheidende Unterschied liegt darin, wie wir damit umgehen. Die größten Wachstumschancen liegen oft in den schwierigsten Momenten. Nimm an, was ist, lerne daraus, und gehe mit einem Lächeln weiter – auch wenn der Weg steinig ist.

Meine Botschaft an dich: Du bist stärker, als du denkst

Ich möchte dir eine wichtige Botschaft mit auf den Weg geben: Vertraue darauf, dass du alles in dir hast, um jede Herausforderung zu meistern. Die Welt braucht starke, authentische Frauen, die wissen, wer sie sind und was sie wollen. Egal, wie oft dich das Leben aus der Bahn wirft – steh wieder auf, schüttel den Staub ab und geh deinen Weg weiter.

Sei mutig, sei entschlossen und sei vor allem du selbst.

Jeder Erfolg beginnt im Inneren. Die wahre Kunst besteht nicht darin, keine Fehler zu machen, sondern in der Fähigkeit, aus ihnen zu lernen und gestärkt daraus hervorzugehen. Du hast die Macht, dein Leben zu gestalten, deine Ziele zu erreichen und die Frau zu sein, die du sein möchtest. Also: Nimm die Herausforderungen an, sei dankbar für jede Lektion, und vertraue darauf, dass dein Weg genau richtig ist – so, wie er ist.

Erfolg ist kein Zufall. Erfolg ist eine bewusste Entscheidung. Entscheide dich für dich.

Dein Weg, dein Erfolg

Erfolg ist keine feste Größe, die man messen oder definieren kann. Dein Erfolg ist so individuell wie jede von uns. Es gibt keine universelle Formel, die für alle gleich funktioniert – und genau darin liegt die Schönheit. Erfolg ist das, was du daraus machst. Er ist das Ergebnis deiner Entscheidungen, deiner Selbstbestimmung, deines Mutes, deinen eigenen Weg zu gehen, auch wenn dieser manchmal steinig ist.

Die größten Herausforderungen in unserem Leben sind oft die größten Lehrmeister. Sie bringen uns bei, was es heißt, wirklich zu leben – mit all den Höhen und Tiefen. Die wahre Kunst besteht darin, nicht perfekt zu sein, sondern in der Fähigkeit, immer wieder aufzustehen, wenn das Leben uns zu Fall bringt. Annehmen, was ist, daraus lernen, sich weiterentwickeln – das ist die Essenz des Lebens und des Erfolgs.

Du hast die unglaublich mächtige Kraft, deine eigene Definition von Erfolg zu finden und zu leben. Du hast die unendliche Freiheit, deinen Weg zu gestalten, so wie es für dich richtig ist.

„You are the author of your own story.

Don't let anyone else hold the pen."

Dieser Satz sagt alles. Dein Leben ist dein Buch. Du entscheidest, welche Kapitel geschrieben werden, welche Wendungen die Geschichte nimmt, welche Schurken udn Helden darin Platz finden und welche Richtung du einschlägst. Aber allzu oft lassen wir uns den Stift aus der Hand nehmen. Wir geben die Macht ab – an Erwartungen, an äußere Umstände oder an die Stimmen der Zweifel, die wir in uns tragen.

Doch das muss nicht sein. Dein Leben, deine Regeln. Du hast die Freiheit, jeden Tag aufs Neue den Stift in die Hand zu nehmen und ein neues, besseres Kapitel zu beginnen. Es spielt keine Rolle, wie viele Rückschläge du erlebt hast oder wie viele Umwege du gehen musst – solange du weiter schreibst, bist du auf dem besten Weg zu deiner individuellen Erfolgsgeschichte - zu deinem erfüllten Leben!

Der Weg zum Erfolg ist kein gerader, einfacher Pfad. Aber das ist auch gut so. Es ist dein Weg. Mit allen Höhen und Tiefen, mit allen Herausforderungen und Momenten des Wachstums. Lass dich nicht von anderen diktieren, was „Erfolg" für dich bedeuten soll.

Du bist die Gestalterin, du bestimmst, was Erfolg für dich ist – und wie deine Geschichte ausgehen soll.

Vergiss nicht:

"Don't let anyone else hold the pen!"

Lass ihn nicht los. Und schreib die Geschichte, die du leben willst – voller Mut, voller Stärke, voller Selbstbestimmung. Das ist dein Buch, und niemand sonst darf den Stift führen.Ich freue mich darauf, dass es dein persönlicher Bestseller wird!

In Liebe, Wertschätzung und Respekt für deinen Erfolg!

Deine Angelika

Über die Autorin:

Angelika Steiger-Cöslin ist Sparringpartnerin für Unternehmer:innen und Expertin für Leadership und persönliches Wachstum. Mit ihrer Arbeit unterstützt sie Unternehmer:innen dabei, ganzheitliche Klarheit zu gewinnen, echtes Leadership von innen nach außen zu leben und nachhaltigen Erfolg zu erzielen.

Ihre Zertifizierung durch die renommierten Coaches **Tony Robbins** und **Cloé Madanes** unterstreicht ihre Expertise in den Bereichen Leadership und Persönlichkeitsentwicklung. Sie wurde mehrfach von der Deutschen Wirtschaft als Exzellenzberaterin ausgezeichnet und trägt das **Proven Expert Gold Siegel** für herausragende Kundenbewertungen.

Mit über 25 Jahren Erfahrung als ehemalige Top-Managerin in internationalen Großkonzernen vereint sie praxisnahe Business- und Persönlichkeitsentwicklung. Ihre Kongresse, an denen bisher mehr als 20.000 Menschen teilgenommen haben, inspirieren dazu, das eigene Potenzial voll auszuschöpfen.

Als Bestseller-Autorin teilt sie ihr tiefgehendes Wissen über Leadership und Wachstum, und in ihrer Academy bildet sie gemeinsam mit ihrem Experten-Team angehende Coaches aus, die echte Transformation für ihre Kund:innen schaffen möchten.

Angelika lebt und arbeitet bei Hamburg und in Marbella, zusammen mit ihrem Mann, 5 Pferden, 4 Hunden und 2 Katzen.

Wenn du Angelika kennenlernen möchtest, buche ein kostenloses Kennenlerngespräch – und starte deine Reise zu mehr Klarheit, Wachstum und Erfolg.

https://asteiger-coeslin.com

MARINA WITZIG: FEMALE & COACHING LEADERSHIP – AUTHENTISCH. SOUVERÄN. MENSCHLICH.

Wer bin ich?

Ich war ein eigensinniges Kind mit einem sehr ausgeprägten Willen und schneller Auffassungsgabe, das neugierig und an vielen Dingen interessiert war, immerzu Fragen gestellt hatte, pausenlos lernen und verstehen wollte. Von meinen Eltern wurde ich deshalb als „belastend und anders" empfunden, als es „normale" Kinder waren. Bei uns zu Hause, in einer hübschen sächsischen Kleinstadt mit ganz genauen Vorstellungen vom Leben, in einem eng begrenzten Elternhaus mit noch genaueren Vorstellungen von dem, was wichtig war im Leben, ging es hauptsächlich um die Existenz und ums Überleben. Dort fühlte ich mich völlig falsch und eingesperrt, äußerlich wie innerlich. Nur wenig davon hatte mich interessiert und sobald ich lesen konnte, das war mit 6 Jahren, war ich Stammgast in der hiesigen Bibliothek. Inmitten der vielen ausgeliehenen Bücher, in die ich die meiste Zeit abgetaucht war, um neue und spannende Welten kennenzulernen, hatte ich mich immer wohl gefühlt. Das war mein eigentliches Leben.

Nach Beendigung der 10. Klasse zog ich bei meinen Eltern aus und stand von da an auf eigenen Beinen. Ohne jegliche Unterstützung meiner Eltern. So schwer das auch war, so viele Probleme durfte ich höchstpersönlich lösen und damit nebenher meine Selbstwirksamkeit trainieren. Bei allem, was ich tat, meist gegen die Erwartungen meiner jeweiligen Umgebung, war mir wichtig, dass es das Richtige für mich war – das, was ich liebe und was mir Spaß macht. Meine Eigensinnigkeit und mein Gespür für mich selbst hatten mich mein Leben lang Entscheidungen treffen lassen, die mehrheitlich meinen eigenen Wünschen, Interessen und Ideen entsprachen.

Heute bin ich eine Person, die authentisch, souverän und menschlich ihren Weg geht. Mein großes Interesse am Lesen und an Reisen, an Kultur und Persönlichkeitsentwicklung sowie an Menschen und deren Führung brachte mich dahin. Zahlreiche Herausforderungen, wie drei Kinder ins Leben zu begleiten und parallel dazu eine große Anzahl Menschen zu führen, haben mich gefordert, manchmal überfordert, jedoch immer wachsen lassen. Sie haben mich aber auch sehr dankbar und demütig gemacht.

Was mache ich heute

Beruflich schlägt mein Herz für das Thema „Frauen in Führung und Technik". Den größten Anteil meines Berufslebens war ich als Diplomingenieurin, langjährige Führungsfrau und -coach in verschiedenen großen technischen Unternehmen, Bereichen und Ebenen angestellt.

Meiner Meinung nach braucht Führung Vertrauen, uneingeschränkte Offenheit, transparente Kommunikation und ein gleiches Wertesystem. Dadurch gelingen Authentizität, Souveränität und Menschlichkeit. Niemand kann sein Potenzial unter permanentem Druck entfalten. Als Führungskraft kann ich den Raum geben, meine Mitarbeiter einladen, ermutigen und bestenfalls inspirieren, neue Perspektiven einzunehmen, damit andere Erfahrungen zu machen und das eigene Potenzial immer weiter zu entfalten. Im eigenen Interesse und im Interesse des Unternehmens.

Seit einigen Monaten bin ich auf dem Weg, Unternehmerin zu werden. Ich starte jetzt noch einmal durch als Leadership-Expertin voller Leidenschaft für Female, Coaching und Servant Leadership sowie für Potenzialentfaltung. Ich möchte dazu beitragen, dass die Gesellschaft, die Welt im Großen und die Arbeitswelt im Kleinen sowie die Führung darin authentischer, souveräner und menschlicher werden. Persönlichkeitsentwicklung ist für Führungskräfte generell von unschätzbarem Wert. Sie steigert die eigene Leistung, die Leistung des Teams und beeinflusst das Arbeitsklima positiv. Eine Führungskraft, die in ihre eigene Entwicklung investiert, wird in der Lage sein, empathischer, anpassungsfähiger und authentischer zu führen – was letztlich den Erfolg des gesamten Teams und des Unternehmens fördert.

Um die heutige Gesellschaft „von Männern für Männer gemacht“ in eine Gesellschaft „von allen für alle gemacht“ umzuwandeln, halte ich es für absolut notwendig, dass viel mehr weibliche Perspektiven auf allen Ebenen und in allen Bereichen einfließen müssen. Das bedeutet auch, dass viel mehr Frauen in hohen Führungspositionen diesen Wandel maßgeblich mitgestalten. Frauen mit ihren spezifischen Kompetenzen sind mehr geeignet und willens, die heutige Gesellschaft aus vorwiegend Wettbewerb und Abgrenzung in eine Gesellschaft umzuwandeln, in der kooperiert und zusammengearbeitet wird. Nur so können wir den komplexen, globalen und multiplen Herausforderungen sinn- und wirkungsvoll begegnen.

Mein größter Wunsch ist es, Führungsfrauen dabei zu begleiten und zu unterstützen, ihren eigenen Weg zu gehen, Führungspositionen einzunehmen, zu gestalten und aufzusteigen, um noch mehr zur besseren und nachhaltigeren Arbeitswelt beitragen zu können. Und vor allem dabei sie selbst zu sein und zu bleiben.

Auf meinem langen Weg vom ungeliebten Kind in beengten Verhältnissen zur erfahrenen Führungskraft und Coach und letztendlich zur Unternehmerin im Online Business habe ich systematisch und mit sehr viel Freude eine Menge gelernt und unglaublich viel Wissen aufgebaut, vor allem Erfahrungswissen durch mein eigenes Tun.

Aus diesem breiten Spektrum an Lebenslektionen sind mir persönlich die drei nachfolgend genannten die wichtigsten:

Selbstwert, Selbstbewusstsein und Selbstwirksamkeit kann man sich nicht anlesen oder erzählen lassen. Alles, was mit „Selbst-" beginnt, entsteht und wächst durch eigenes MACHEN und eigene Erfahrungen beim Problemelösen.

Glaube an dich! - Alles, was du dir vorstellen kannst, kannst du erreichen! Hab Spaß dabei!

Du bist gut genug! – Fang an und werde Schrittchen für Schrittchen besser!

Was hat mir geholfen, erfolgreich zu sein?

Mein Urvertrauen in mich selbst und dass es das Leben gut mit mir meint.

Ich sage, was ich denke und tue, was ich sage. Das schafft Vertrauen zu anderen.

Das Motto „Gestalte deine Situation! – Du hast immer eine Wahl." war und ist mein innerer Kompass für jede Entscheidung.

Lebenslanges Lernen und kontinuierliche Persönlichkeitsentwicklung mit Spaß und Leidenschaft.

Was rate ich Frauen in der Rolle als Führungsfrau?

Fordere und fördere deine Mitarbeitenden bestmöglich, sei empathisch und verstehe ihre Bedürfnisse, begegne ihnen mit Respekt und Wertschätzung auf Augenhöhe!

Sieh dich in deiner Führungsrolle als unterstützend und dienend, als rahmengebend.

Du bist für deine Mitarbeiter da, nicht sie für dich!

Nimm dir regelmäßig einen Coach, der dich eine Zeit lang begleitet und Sparringspartner für dich ist!

Kleiner Tipp zur sofortigen Umsetzung

Für eine souveräne Kommunikation in einer kritischen Situation:

Mache dir in der kritischen Situation bewusst, was gerade ist.

Stelle dir dafür die Frage: Was mache ich hier gerade?

Unterbrich mit 3 Atemzügen den Reiz-Reaktion-Ablauf, um zu dir zu kommen.

Sprich dabei im Kopf:

„Wenn ich einatme, weiß ich, dass ich einatme." Und atme dabei ein.

„Wenn ich ausatme, weiß ich, dass ich ausatme." Und atme dabei aus.

Das machst du drei Mal. Es dauert nur ein paar Sekunden und dann kannst du die Situation ganz bewusst gestalten.

Coaching als Hilfe zur Selbsthilfe

Als Leadership-Expertin begleite und unterstütze ich weibliche Führungskräfte in technischen Bereichen dabei, als Coaching Leader ihr Team mit Leichtigkeit und Freude erfolgreich zu führen. Und Raum zu schaffen für Potenzialentfaltung. Dabei fülle ich individuell den Werkzeugkoffer für das innere Rüstzeug, um authentisch, souverän, menschlich und trotzdem engagiert und erfolgreich in diesen männlich dominierten Branchen führen zu können.

„Aus der Stärke heraus aktiv handeln, statt aus dem Druck heraus reagieren zu müssen!"

Die Welt braucht **Female Leadership** – das steht fest!

Marina Witzig

Über die Autorin:

Marina Witzig ist **Diplomingenieurin für Informations- und Automatisierungstechnik**, Leadership-Expertin und -Coachin.

Ihre Mission ist es, die herkömmliche Art von hierarchischer Führung in großen Industrieunternehmen in eine Führung der Zukunft zu transformieren, die es besser ermöglicht, den lokalen und globalen Herausforderungen und Krisen der aktuellen Zeit erfolgreich begegnen zu können.

Als Leadership-Expertin ist es Ihre Herzensangelegenheit, hauptsächlich weiblichen Führungskräften in technischen und männlich dominierten Bereichen dabei zu helfen, authentisch, souverän und weiblich zu agieren. Die Frauen bekommen wieder Lust zu führen, zu gestalten und ihr Team zu entwickeln. Dabei schaffen sie auch Raum für die Potenzialentfaltung ihrer Mitarbeitenden. Sie lernen Methoden kennen, um als Female und Coaching Leader mit Leichtigkeit und Freude ihr Team führen und bei Bedarf auch coachen zu können.

Die Expertin blickt auf fast 30 Jahre Führungs- und über 10 Jahre Coaching-Praxis in männlich dominierten Bereichen zurück (bis Mai 2024 als Marina Reißaus). Sie schöpft außerdem aus ihrer Erfahrung als Mentorin in unterschiedlichen (Cross-)Mentoring-Programmen und aus ihrem lebenslangen Interesse an den neusten Erkenntnissen der Neurowissenschaften, Epigenetik sowie für evolutionsbiologische Zusammenhänge.

VERENA OHNIMUS: ERFOLG TROTZ NARBEN – DIE KRAFT DER VERSÖHNUNG MIT SICH SELBST

Jede körperliche Wunde heilt von innen nach außen. Doch selbst wenn sie verheilt ist, kann sie immer noch „stören". Narben erinnern an die Verletzung und viele Menschen meiden sogar, sie zu berühren. Oft werden sie versteckt, als wäre ihr bloßes Dasein eine Schwäche. Mit seelischen Wunden verhält es sich ähnlich – nur, dass diese oft noch mehr verborgen werden. Niemand soll sehen, was tief in uns schmerzt, sei es aufgrund großer Traumata oder scheinbar kleiner, unbedeutender Erfahrungen. Doch genau diese alten Verletzungen stören oft unser Wachstum und hinterlassen Spuren, die unser Vertrauen und unseren inneren Frieden beeinträchtigen können.

Was passiert aber, wenn wir den Schmerz in der Tiefe verbannen? Diese Gefühle werden eingesperrt, vergraben, und sollen am besten nicht mehr gefühlt werden. Da unsere Seele nicht zwischen den gewünschten, „positiven" und sogenannten „negativen" Gefühlen unterscheiden kann, verstummen alle Gefühle. wir verlieren die Verbindung zu uns selbst und leben wie im „Funktionsmodus". Ist das das Ziel?

Die Wunden des Herzens: Stabilisation, Verarbeitung, Akzeptanz und Versöhnung mit sich selbst

Unsere seelischen Wunden benötigen einen heilenden Prozess, der aus mehr besteht als nur aus Zeit und Verdrängung. Sie brauchen Berührung – eine Berührung, die heilt. Nur durch eine achtsame Berührung können wir die erlebten Verletzungen versöhnen und das Geschehene in ein selbstbestimmtes Leben einbetten. Das bedeutet, echten Frieden zu finden, in dem das Geschehene zu einem Teil eines neuen, selbstbestimmten Lebens wird.

Erfolg neu definieren: Vom „Funktionieren" zum täglichen Wachstum

Was bedeutet „Erfolg" wirklich? Höher, schneller, weiter? Die Karriereleiter erklimmen? Immer die Beste sein und strahlen? Für mich bedeutete Erfolg einmal schlicht, morgens aufzustehen und das Haus zu verlassen. Nachdem ich früher gelernt hatte, dass „Funktionieren" das „Normale" ist, wurden selbst kleinste Schritte wie dieser zu Herausforderungen. Später, als Selbständige, verengte sich „Erfolg" für mich zu einem leistungsorientierten Begriff – einem äußeren Maßstab. Doch wahres Wachstum zeigt sich für mich heute nicht nur in äußeren Erfolgen, sondern in einer Reise zu mir selbst. Diese Reise erfordert, sich innerlich zu befreien, Raum für Selbstliebe, innere Freiheit und Frieden zu schaffen – neben all dem, was äußerlich erreicht wird.

Eine persönliche Geschichte: Überleben und Verwandlung

Es war im Jahr 2001, als ich von Flashbacks an Missbrauchserfahrungen aus meiner frühen Kindheit überwältigt wurde. Die Erde schien unter mir zu zerbrechen, und ich hatte das Gefühl, mein Leben würde in sich zusammenfallen. Die Erinnerungen erschütterten mein Innerstes und führten mich zu einem Punkt, an dem ich keinen Ausweg mehr sah. Der Schmerz war überwältigend und viele Erfahrungen des Alltags wurden zu Triggern, die mir den Atem nahmen. In Therapien lernte ich, triggernde Situationen zu meiden, doch dies führte mich eher in einen Käfig. Es war ein sicherer Ort, eher ein goldener Käfig, der sich jedoch mit jeder gemiedenen Situation enger um mich schloss.

Aber wie eine Raupe, die den Kokon verlässt, gab es auch in mir eine Kraft, die Neues wollte. Leben wollte. Wenn ich Heilung wollte, konnte sie nur von mir selbst ausgehen! Ich musste meinen scheinbar sicheren Raum verlassen, meine Komfortzone, auch auf die Gefahr hin zu stolpern – und jedes Mal wieder aufzustehen. Dieser Prozess der Wiedergewinnung der Selbstbestimmung war herausfordernd, aber er führte mich Schritt für Schritt zu einer neuen Freiheit und Authentizität.

Innere Stärke durch Loslassen: Die Vergangenheit zurücklassen, um in die Freiheit zu wachsen

Ein wesentlicher Teil meines Heilungsweges bestand darin, die Menschen, die mich zum Opfer gemacht hatten, innerlich loszulassen. Nicht, um sie zu entlasten, sondern um selbst innere Freiheit zu erlangen. Dieses Loslassen schenkte mir die Kraft, mich nicht länger durch alte Erlebnisse kleinhalten zu lassen. Auch du hast die Möglichkeit, deine eigenen Verletzungen loszulassen und deinen Weg der Heilung zu gehen. Wenn wir die „Täter“ weiterhin festhalten, sind wir nicht in der Lage, unsere Hände zu öffnen und Neues in Empfang zu nehmen. Übe Dich täglich darin, deine Hände zum Loslassen zu öffnen und du wirst den Erfolg ernten. Dabei hilft es so sehr, sich über tägliche kleine Erfolge zu freuen und sich bewusst zu machen, dass jeder noch so kleine Schritt aus der Komfortzone ein Schritt in Richtung Freiheit ist.

Die Bedeutung von Resilienz – für alle, ob direkt betroffen oder nicht

Verletzungen und Narben betreffen uns alle – direkt oder indirekt. Übergriffiges Verhalten, Missachtung persönlicher Grenzen oder auch kleinere Demütigungen können das Vertrauen in andere Menschen erschüttern. Oft fühlen Betroffene sich mit ihrer Geschichte allein. Da ist es aus der Erfahrung, die ich mit mir und anderen Betroffenen gemacht habe, hilfreich, wenn jemand da ist, der den Weg kennt, jemand, der uns ermutigt und über die kleinen oder großen Klippen des Lebens hinweghilft. Wir dürfen unseren Blickwinkel aktiv verändern: nicht mehr das Opfer zu bleiben. Jeder kleine Schritt, jede neue Erfahrung, war ein Erfolg, der mein Bewusstsein erreichen durfte. Dies half mir, die negativen Muster und Ängste durch Selbstverantwortung zu ersetzen. Nur ich konnte die Veränderung einleiten, die ich mir so sehr wünschte – und jeder Schritt über meine Komfortzone hinaus eröffnete mir eine neue Welt an Möglichkeiten.

Wachstum, das uns lebendig macht

Vielleicht wünschst du dir ein geradliniges Leben ohne große Höhen und Tiefen. Doch wenn wir uns ein EKG anschauen, erkennen wir, dass eine gerade Linie nur den Tod symbolisiert. Leben hingegen ist Auf und Ab. Wie im EKG. Also sei ermutigt, weiterzugehen. Jeder Schritt aus dem „Alten“ hinaus, jeder Mut zur Veränderung zeigt, dass Freiheit und innere Stärke möglich sind – trotz und gerade wegen aller Narben.

Über die Autorin:

Verena Ohnimus ist Trainerin für mentale Gesundheit, Physiotherapeutin und Expertin für Resilienz und Selbstheilung. Mit fast 40 Jahren Berufserfahrung und über 168.000 behandelten Patienten vereint sie tiefe Kenntnisse über die Verbindung von Körper, Geist und Seele. Ihre Arbeit zielt darauf ab, Menschen trotz körperlicher und seelischer Narben zu innerer Stärke und Selbstbestimmung zu führen. Sie kennt die Herausforderungen des Lebens aus eigener Erfahrung und weiß, wie befreiend es sein kann, sich von vergangenen Verletzungen zu befreien.

Durch Workshops, Vorträge und 1:1- Coachings unterstützt Verena Menschen, ihr volles Potenzial zu entfalten und sich nicht länger von alten Verletzungen aufhalten zu lassen.

Mit ihrem ganzheitlichen Ansatz und ihrer Erfahrung ermutigt sie Menschen, ihre innere Freiheit wiederzugewinnen und einen selbstbestimmten Weg zu gehen. Denn Heilung und persönliches Wachstum sind auch nach schweren Erlebnissen möglich.

Mailadresse: info@verenaohnimus.de
Https://verenaohnimus.de
0172-5239581

Nutze den QR-Code, um ein kostenfreies Gespräch mit mir zu führen:

ULRIKE JEUTE: DIE KRAFT DES NETZWERKENS UND DER POSITIVEN GEDANKEN

Der *Leading Ladies Circle*, eine wunderbare Online-Community mit fantastischen Frauen, ist ein Raum, wie ich ihn mir als Soloselbstständige immer gewünscht habe: Rückzugsort, Wissensspeicher, Netzwerk, Motivator. Als dann der Aufruf kam: *„Lasst uns ein Buch schreiben über unsere Erfolgsgeheimnisse!"*, musste ich nicht lange bitten lassen. Es fühlte sich an wie eine Gelegenheit, nicht nur meine Gedanken zu ordnen, sondern sie mit der Kraft der richtigen Worte in die Welt zu tragen – ein Ansatz, der in jedem Bereich des Lebens helfen kann.

Erfolg kommt nicht über Nacht. Erfolg wird individuell definiert. Für mich ist Erfolg eine Mischung aus verschiedenen Faktoren: die Freiheit, selbst entscheiden zu können; ich selbst sein zu können. Kurz gesagt: glücklich, zufrieden, selbstbestimmt leben, gepaart mit dem nötigen Geld, um meine Traumleben zu finanzieren.

Entscheidend für meinen beruflichen Erfolg ist, dass ich mit mir und meiner Welt zufrieden bin. Dann - und nur dann - kann ich auch meine Kunden zufrieden und glücklich machen. Um dies zu erreichen sind zwei Säulen für mich essenziell.

Säule eins - Die Kraft der positiven Gedanken -

Am Anfang steht der Glaube an dich selbst. Ohne diesen, davon bin ich überzeugt, brauchst du gar nicht erst zu beginnen. Ich bin von Natur aus Optimistin und überzeugt: *Du bist da, wo deine Gedanken sind.* Glaubst du an das Gute und daran, deine Ziele erreichen zu können, hast du den Grundstein gelegt. Dein Unterbewusstsein lenkt dann deine Handlungen und deine Energie ganz von allein auf das Gelingen! Dabei hilft es auch, deine Gedanken klar zu formulieren – ob schriftlich oder mündlich. Denn die Art, wie wir unsere inneren Überzeugungen ausdrücken, hat eine erstaunliche Wirkung darauf, wie wir uns fühlen und handeln. Was mir hilft, meine Gedanken positiv zu halten, kann auch die eine Hilfe sein. Deswegen teile ich diese Tipps gerne mit dir:

1. Verwende Affirmationen: Wiederhole Sätze wie *„Ich schaffe das“* oder *„Ich bin gut genug“*, um dein Unterbewusstsein positiv zu prägen.
2. Meide negativen Input: Begrenze Nachrichten, soziale Medien oder Kontakte (berufliche &private), die dich runterziehen könnten.
3. Führ´ dir vor Augen was du geschafft hast. Versuche es mit einer *Done-Liste* anstelle einer *To-Do-Liste.* Das wirkt Wunder.

Natürlich weiß ich als rationaler Mensch, dass es auch schiefgehen kann. Deshalb habe ich immer einen Plan B in der Schublade – aber mein Fokus bleibt auf Plan A. Denn dieser liegt bereits zur Umsetzung bereit.

Mit dem Willen und dem Glauben an das Gelingen kommst du ins Handeln – und das ist wunderbar. Natürlich wird nicht alles sofort klappen. Vielleicht verzettelst du dich, wie ich es anfangs getan habe, weil du zu viel auf einmal willst: Website, Logo, Konzept, Angebot, Social Media – alles soll von Anfang an perfekt sein. Lass dir sagen: Das wird es nicht – und das muss es auch nicht! Wichtig ist – Selbstreflexion. Zweifel werden immer mal wieder aufkommen, sie gehören dazu, die Kunst ist, auch diese in etwas Positives umzuwandeln.

Du könntest Folgendes machen:

1. Akzeptiere, dass Rückschläge dazugehören – sie sind ein Zeichen dafür, dass du wächst.
2. Schreibe deine Erfolge auf, selbst die kleinen, und lies sie dir durch, wenn du zweifelst.
3. Nimm dir regelmäßig Pausen, um dich neu zu fokussieren und Energie zu tanken.

Auch hier kann es helfen, deine Prioritäten schriftlich festzuhalten und zu strukturieren. Worte schaffen Ordnung – und manchmal ist es genau diese Klarheit, die wir brauchen, um wieder an uns selbst zu glauben. Nach Momenten des Zweifelns und der erneuten Fokussierung entdecke ich oft einen neuen Weg – und so fand ich meine zweite Säule: das Netzwerken.

Säule zwei - Die Kraft des Netzwerkens -

Angetrieben von meinen positiven Gedanken landete ich bei einem Netzwerktreffen der besonderen Art – dem *Women Barcamp* in Kiel. Tief beeindruckt von den vielen erfolgreichen Frauen und ihren inspirierenden Geschichten, von der Energie vor Ort, war mein

Kampfgeist wieder entfacht! Ich war mehr als bereit. Pssst, eine der tollen Frauen dort war übrigens Angelika, die später den *Leading Ladies Circle* gründete.

Ein solches Netzwerktreffen kann vieles bewirken. Inspirierende Gespräche, ermutigende Worte und ehrliche, herzliche Tipps – das war fantastisch! Es war der Moment, in dem ich erkannte, welche unglaubliche Kraft im Netzwerken liegt. Seitdem liebe ich es und tue es regelmäßig, offline & online. Netzwerken ist für mich ein Geben und Nehmen, bei dem alle gemeinsam wachsen. Eines der ersten Dinge die ich gelernt und direkt verinnerlicht habe: Was nützen dir Webseite & Co, wenn keiner weiß das es dich gibt? Wenn also keiner weiß das ich Expertin in puncto Texten bin, dann wird auch keiner nach meinem Angebot suchen. Gleiches gilt für dich und dein Angebot. Also heißt es Netzwerk aufbauen, ausbauen und Beziehungen daraus entstehen lassen.

Du weißt nicht so richtig wie du es angehen sollst? Hier sind ein paar Tipps für den Einstieg, um auf deinem nächsten Netzwerkevent zu glänzen:

1. Bereite dich vor: Überlege dir, wie du dich vorstellen möchtest und welche Fragen du anderen stellen kannst. (Das hatte ich beim ersten Mal nicht gemacht.)
2. Suche gezielt nach Events oder Communities, die zu deinen Zielen und Interessen passen.
3. Sei offen für neue Kontakte und lass dich inspirieren – auch von Menschen aus anderen Branchen.

Oft sind es die ersten Worte, die einen entscheidenden Unterschied machen. Wie stellst du dich vor? Wie präsentierst du dich und dein Angebot in wenigen Sätzen? Hier ist eine klare, authentische Sprache wichtig, um einen bleibenden Eindruck zu hinterlassen. Vergiss dabei nie: Sei du selbst!

Netzwerken ist ein ständiger fortlaufender Prozess, der zu deinem Business einfach dazu gehört. Nach dem Einstieg, geht es in die zweite Stufe – Nachhaltigkeit. Halte die Treffen nach, bleib dran. Meine Praxistipps sind folgende:

1. Halte den Kontakt: Bedanke dich nach einem Treffen für gute Gespräche und bleib mit deinen neuen Kontakten in Verbindung. (72 Stunden-Regel)
2. Gib auch etwas zurück: Teile dein Wissen, unterstütze andere und zeige Interesse an ihren Projekten.
3. Nutze digitale Plattformen wie LinkedIn, um dein Netzwerk zu erweitern und zu pflegen.

Auch schriftliche Kommunikation kann hier entscheidend sein: Eine gute formulierte DM über z.B. LinkedIn, ein Kommentar unter einem LinkedIn-Beitrag, eine persönliche E-Mail oder ein individueller Newsletter können das Netzwerken zusätzlich bereichern und Verbindungen stärken. Ich plane mir feste Zeiten ein für mein online Netzwerken ein und schaue auch regelmäßig nach Netzwerkevents, die zu mir passen. Im Idealfall gehe ich zu 1 bis 2 im Monat! Das schafft Verbindung! Denn sehr schnell wurde mir klar: Ohne Netzwerk geht es nicht. Und ohne Netzwerk will ich auch nicht! Mit dem richtigen Netzwerk bist du niemals allein. Es ist immer jemand da, der zuhört, Rat gibt, dich auffängt, dich braucht oder deine Meinung wertschätzt. Dieses Geben und Nehmen ist Gold wert und mit keinem Geld der Welt zu bezahlen. Um diesen Mehrwehrt zu erleben, bedarf einer dritten Stufe des Netzwerkens: den Aufbau tiefer Beziehungen. Wir kennen es auch dem Privaten, nur was in die Tiefe geht, hat Bestand. Für den Tiefgang in deinen Netzwerkbeziehungen, rate ich dir:

1. Investiere in langfristige Beziehungen, indem du regelmäßig den Austausch suchst.
2. Höre aktiv zu, statt nur auf deinen eigenen Nutzen zu achten – echtes Interesse wird geschätzt.
3. Sei authentisch und du selbst – das schafft Vertrauen und verbindet auf einer tieferen Ebene.

Ganz gleich ob bei offline oder online Netzwerken, es zeigt sich immer wieder, wie wertvoll die richtigen Worte sind. Ob in Gesprächen oder im Schriftlichen – wenn du weißt, wie du deine Botschaft klar und authentisch vermittelst, stärkt das nicht nur deine Verbindungen, sondern auch dein Selbstbewusstsein. Mit dieser Mischung aus den richtigen Verbindungen und Selbstbewusstsein, werden dein Netzwerk und du miteinander und aneinander wachsen. Dein Netzwerk wird ein Ort sein, den du nicht mehr missen möchtest und das auf dich nicht mehr verzichten will. Ein Ort an dem du dich wohlfühlst, wo Kommunikation auf Augenhöhe geschieht und ganz nebenbei noch wertvolles Wissen ausgetauscht wird.

Denke ich an mein Netzwerk, verspüre ich eine tiefe Dankbarkeit. Diese unsichtbare Macht ist grandios, unfassbar wichtig. Gerade als Soloselbstständige bin ich die meiste Zeit mit mir allein. Mein Netzwerk ist der ideale Ort für Austausch, Inspiration, Lernen, kurzum die perfekte Ergänzung zu meinem Schaffen.

Deshalb bin ich davon überzeugt, mit Hilfe meiner zwei Säulen - meinen Erfolgsgeheimnissen - werde ich mein Text-Business erfolgreich führen und das Leben leben, das ich mir wünsche. Und du kannst das auch!

Deine Ulrike Jeute alias Frau Ulli schreibt!

Über die Autorin:

Frau Ulli schreibt!

Ulrike Jeute schreibt für dich, über dich und mit dir. Als Texterin, Ghostwriterin und Autorin unterstützt sie dich dabei, deine Webseitentexte in all ihren Facetten auf deine Zielgruppe auszurichten. Dabei ist es ihr wichtig deine Schreibstimme zu finden, damit deine Kunden den Weg zu dir finden. Ihr liegt es am Herzen, eine klare Sprache zu verwenden, deine Persönlichkeit und dein Business so darzustellen, dass potentielle Kunden auf den ersten Blick wissen wer und was sie erwartet. Texte haben bei ihr immer eine persönliche Note und übermitteln eine emotionale Botschaft. Menschen kaufen von Menschen und deswegen vermitteln ihre Texte Menschlichkeit.

Ulrike Jeute entführt als Reisebuchautorin seit einigen Jahren ihre Leser an wunderbare Orte dieser Welt. Sie weiß Geschichten, Erlebnisse und Erfahrungen in die richtigen Worte zu verpacken, um die Leser und Kunden zu erreichen.

Mit ihrem Texterbusiness alias Frau Ulli schreibt!, bietet sie nicht nur ihre Textpakete als Ganzes an, sondern steht dir auch leidenschaftlich gerne mit Rat und Tat zur Seite, wenn du deine Texte erfolgreich selber schreiben willst.

Kontakt:
kontakt@frauullischreibt.de
https://frauullischreibt.de

Deine Webseitentexte, Blogbeiträge, Pressemitteilungen oder Newsletter sollen endlich geschrieben werden? Brauchen eine Erfrischungskur oder sollen auf den Prüfstand? Dann sicher dir dein kostenfreies Erstgespräch. Ich freue mich auf dich!

PETRA LACKNER: VON DER KLARHEIT ZUR SELBSTFINDUNG!

Hast du jemals dieses leise, aber drängende Gefühl in dir gespürt, dass etwas in deinem Leben nicht stimmt? Diesen Moment, in dem du vielleicht nicht unbedingt weißt, was du willst, aber tief in deinem Inneren spürst, was du auf keinen Fall in deinem Leben haben möchtest? Für mich war genau dieses Gefühl der erste kraftvolle Schritt auf meinem Weg. Sich auf das zu konzentrieren, was man nicht will, mag sich im ersten Moment wie ein negativer Gedanke anfühlen. Aber genau diese Klarheit war mein Kompass. Sie zeigte mir die Richtung – auch wenn ich noch keine Ahnung hatte, wohin sie mich führen würde.

In meiner Jugend habe ich das sehr intensiv erlebt. Ich sah um mich herum Menschen, die unglücklich wirkten, Menschen, die jeden Tag zur Arbeit gingen, die sie scheinbar nur erschöpfte. Sie lebten für das Wochenende, um sich dann endlich von ihrer Woche erholen zu können. Als ich fragte, ob es nicht möglich sei, auch im Arbeitsleben Erfüllung und Energie zu finden, wurde ich belächelt. Man sagte mir: „Das ist das Erwachsenenleben – gewöhn dich daran.“ Aber ich wollte mich nicht daran gewöhnen. Stattdessen versprach ich mir selbst, einen anderen Weg zu finden. Einen Weg, wie ich ein Leben voller Freude und Erfüllung führen könnte. Vielleicht sehnst du dich ja auch danach? Im Folgenden erzähle ich dir, wie ich dies für mich erreicht habe.

Meine Klarheit über das, was ich nicht mehr wollte, war der Beginn einer Reise, die mich zwar vorerst nach Neuseeland, Australien, Karibik und Amerika brachte, doch eigentlich zu mir führte und mir viele Erkenntnisse über mich selbst, meine Prägungen und Überzeugungen brachte. Eine Reise, die oft einsam und unsicher war, manchmal schmerzhaft und herausfordernd. Doch gerade diese Momente formten mich. Sie halfen mir, die Frau zu werden, die ich heute bin – eine Frau, die nicht mehr den Erwartungen anderer folgt, sondern die Stärke gefunden hat, aus ihrer inneren Wahrheit heraus zu leben. Denn das finde ich wahrhaft erfüllend!

Auf meinem Weg habe ich viel gelernt. Die wichtigste Erkenntnis davon war, nichts von dem, was mir begegnete, einfach blind zu glauben. Ich nahm mir die Zeit, in mich hineinzuhorchen, und stellte mir immer wieder die Frage: „Passt das zu mir? Fühlt sich das richtig an?“ Diese ständige Rückbesinnung auf mein Inneres führte mich dazu, meine eigene Wahrheit zu finden. Es war ein Prozess, der Geduld verlangte, ein ständiges Loslassen, Neuentdecken, Reflektieren – bis schließlich etwas Neues, Eigenes entstand. Ein Leben, das ich wirklich als mein Leben bezeichnen konnte.

Täglich hielt ich inne, und auch heute noch spüre ich in mich hinein und frage mich:

„Bin ich in Verbindung mit Himmel und Erde? Ich weiß, dass in meinem Herzen die Brücke dafür ist.

Bin ich noch in Einklang mit dem Universum, der Quelle, dem Göttlichen und mit Mutter Erde? Mit meinen tiefsten Werten?”

Diese Fragen brachten und bringen mich auch heute noch immer wieder zu mir zurück, vielleicht helfen sie auch dir?

Es war ein Geschenk, viele Lehrer und Wegbegleiter zu treffen, und aus jeder Begegnung und Ausbildung habe ich meine eigenen Einsichten und Erfahrungen geformt. Heute habe ich das große Glück, andere Menschen auf dem Weg zu ihrer eigenen Wahrheit begleiten zu dürfen. Das erfüllt mich zutiefst. Wenn ich das Strahlen in den Augen dieser Frauen sehe, die es geschafft haben, aus einer Krise zu einem erfüllten Leben zu finden! Wenn ich höre, wie sie mir Monate oder sogar Jahre später erzählen, wie unsere Arbeit ihr Leben nachhaltig bereichert hat – dann weiß ich, warum ich zunächst selbst diesen Weg gegangen bin: Um andere Menschen damit bereichern zu können.

Ein ganz konkretes Werkzeug, das mir und vielen anderen Frauen zusätzlich zu den oben genannten Fragen auf diesem Weg geholfen hat, möchte ich heute mit dir teilen: das rituelle Schreiben.

Es ist eine einfache, aber kraftvolle Methode, die dir hilft, dich in das wahrhaftige Fühlen zu bringen. In die tiefen Emotionen, die dir Kraft geben.

Das geht ganz leicht: Dazu könnten beispielsweise Sätze gehören wie: „Wenn ich dankbar bin… dann fühle ich mich…“, oder „Wenn ich mich geliebt fühle…, dann fühle ich mich…“ oder „Wenn ich Freude empfinde… dann fühle ich mich…“. Wähle einen Satz und schreibe schnell und ohne nachzudenken, den Satz vollständig, so oft es in den 5 Minuten gelingt, so gelangst du mehr und mehr ins Fühlen. Lies dir diese Sätze später langsam noch einmal durch und lass sie in aller Tiefe wirken. Fühle sie mit allen Sinnen, spüre, wie die Worte bis in dein Inneres vordringen.

Mache das rituelle Schreiben zu einem Ritual und nutze seine Einladung, dich auf eine Entdeckungsreise in dein Innerstes zu begeben. So kommst du mehr und mehr in den Kontakt mit deinen wahren Gefühlen und nimmst das Positive in dir bewusster wahr.

Mein Lebensmotto begleitet mich dabei täglich: „Wir leben das Leben zwar vorwärts, verstehen es jedoch erst im Rückblick.“ Nicht alles macht sofort Sinn. Doch diese Worte erinnern mich daran, dass das Leben ein ständiges Entfalten ist. Vertrauen in den Prozess ist mein Kompass – ich weiß, dass alles, was passiert, zu meinem höchsten Wohl beiträgt. Vielleicht magst du dieses Motto ja auch für dich integrieren und dir damit etwas mehr Leichtigkeit in deinem Leben erlauben.

Die Reise zu meiner wahren Stärke begann mit dem Mut, klar zu benennen, was ich in meinem Leben nicht mehr wollte. Diese absolute Klarheit war der Startpunkt für alles Weitere. Und nun frage ich dich: Welche Momente der Klarheit haben dich schon auf deinem Weg zu dir selbst begleitet? Welche Dinge hast du bereits erkannt, die du nicht mehr in deinem Leben haben möchtest? Vielleicht helfen dir kleine Rituale wie das Schreiben, um dir wieder näher zu kommen und dich an deine innere Stärke zu erinnern.

Ich lade dich ein, diese Gedanken mit auf deine Reise zu nehmen:

„Wisse, dass du die Schöpferin deines Lebens bist und dass du die Macht hast, es nach deinen Wünschen zu gestalten und zu leben.“

Kiaora
Möge es dir gut gehen, in Seele, Geist und Körper.

Petra Lackner

Über die Autorin:

Petra Lackner ist psychosoziale Beraterin, systemische Coach und Masseurin mit über 30 Jahren Erfahrung in der Begleitung von Menschen. Sie hat sich darauf spezialisiert, ihren Klienten zu helfen, den Kontakt zu ihrem inneren Heiler zu finden und Selbstheilung auf allen Ebenen - Seele, Geist und Körper - zu ermöglichen.

Mit ihrem ganzheitlichen Ansatz fördert Petra die Einzigartigkeit jedes Einzelnen und ermutigt dazu, ein wahrhaftiges Leben zu führen. Sie kombiniert tiefes spirituelles Wissen mit praktischen Techniken, um Blockaden zu lösen und persönliches Wachstum zu unterstützen. Ihr Leitsatz lautet: „Selbstheilung ist normal - die Welt braucht dich heil!

Petra lebt mit ihrem Mann und ihren zwei Teenagern in St. Johann im Pongau und arbeitet offline als auch online, widmet sich leidenschaftlich der Förderung von innerem Frieden und Selbstverwirklichung bei ihren Klienten.

Kontakt:
www.kiaoramassage.at

SABINE BREILER: VERTRAUE DEINER HÖHEREN FÜHRUNG: DER SCHLÜSSEL ZU EINEM ERFÜLLTEN ERFOLG

Als die Einladung, einen Beitrag zum Thema „Die Erfolgsgeheimnisse der Leading Ladies“ zu schreiben, in mein Leben trat, spürte ich den Impuls, innezuhalten und den Begriff „Erfolg“ tiefgehender zu betrachten. Was bedeutet Erfolg eigentlich, wenn wir ihn von den vorgegebenen Vorstellungen der Gesellschaft, der Wirtschaft und unserer eigenen konditionierten Überzeugungen loslösen? Ich glaube, dass wir die Freiheit haben, Erfolg neu zu definieren – sowohl kollektiv als auch individuell.

Was ist Erfolg für mich?

Für mich bedeutet Erfolg, immer echter und authentischer zu werden. Es geht darum, mich selbst in meiner ganzen Tiefe kennenzulernen und bedingungslos zu lieben – mit all meinen Facetten. Erfolg ist, meine wahre Essenz zu erkennen, meine Fähigkeiten voll zu leben und sie in die Welt zu tragen und dabei den Wert meiner Angebote in einer Weise zu gestalten, die energetisch und stimmig ist. Es ist ein Erfolg, der sich nicht an äußeren Maßstäben misst, sondern an der inneren Erfüllung und dem Frieden, den ich empfinde, wenn ich in Übereinstimmung mit meiner höheren Führung handle.

Mein Ziel ist es, die Führung ganz in die Hände meiner Seele zu legen und den Verstand als idealen Berater für die Umsetzung einzubinden.

Was ist mir wichtig?

Befreiung von äußeren Autoritäten

Auf meinem Weg habe ich erkannt, wie wichtig es ist, mich energetisch von äußeren Autoritäten, Lehrern oder „Gurus" zu lösen. Anfangs suchte ich oft im Außen nach Antworten und Bestätigung, sei es bei Lehrern oder Mentoren. Doch die tiefsten Durchbrüche erlebte ich, als ich begann, nicht nur verstandesmäßig zu agieren, sondern wirklich zu fühlen. Ich erkannte, dass in mir eine weise Instanz existiert – meine innere Führung. Diese Verbindung zu meiner Seele und der Quelle allen Seins leitet und führt mich, sodass mein Handeln authentisch und im Einklang mit mir selbst ist. Auch wenn sich mein Ego manchmal einmischt, gelingt es mir immer mehr, meiner inneren Führung zu folgen.

Die innere Stärke entdecken und leben

Es gab Momente auf meinem Weg, besonders in meiner Selbstständigkeit, in denen ich kurz davor war, aufzugeben. Doch in diesen Phasen tauchte immer wieder eine starke innere Kraft auf, die mich vorantrieb. Diese Kraft schenkte mir neue Ideen, positive Impulse und zeigte mir Wege auf, die ich vorher nicht gesehen hatte. Besonders in Zeiten des Zweifels und der Angst habe ich gelernt, dieser Kraft zu vertrauen und ihr die Führung zu überlassen. Mut war ein wesentlicher Bestandteil meines bisherigen Erfolges. Der Mut, gegen gesellschaftliche Normen zu handeln und meinen eigenen Weg zu gehen. Als Betriebswirtin und Projektleiterin jetzt

Qi-Gong-Kurse zu geben und eine Heilerpraxis zu eröffnen, wäre ohne Mut und diese sehr starke innere Kraft nicht möglich gewesen.

Verbindung von Kopf & Herz

Ein weiterer entscheidender Wendepunkt war die Erkenntnis, dass ich mich vom verstandesorientierten, leistungsbezogenen Denken lösen musste, um mehr ins Fühlen und Wahrnehmen zu kommen. Eine Lehrerin öffnete mir die Türen zu neuen Welten des Fühlens und der Intuition. Durch sie lernte ich, ein gesundes Gleichgewicht zwischen Denken und Fühlen zu finden – eine Balance, die mich in meiner Selbstständigkeit als Heilerin und Coach sehr unterstützt. Auch der Freude zu folgen, ist aus meiner Sicht für den Erfolg sehr wichtig.

Wie gehe ich mit Rückschlägen um?

Doch auch Rückschläge gehören zum Leben. In diesen Momenten suche ich die Verbindung zur Quelle und stelle Fragen wie: „Worum geht es hier wirklich für mich?“ oder „Geht es darum, es anzunehmen? Etwas loszulassen oder aktiv etwas zu tun?“

Diese Fragen halfen mir, in eine gesunde Distanz zu gehen, das Geschehen zu beobachten und daraus zu lernen.

Vertrauen in den höheren Sinn

Rückblickend habe ich gelernt, dass alles, was mir auf meinem Weg begegnete, einen tieferen Sinn hatte – auch wenn dieser sich oft erst im Nachhinein offenbarte. Ich bin überzeugt, dass das Vertrauen in einen höheren Sinn essenziell für inneren Frieden ist. Es bedeutet, auch in Zeiten der Unsicherheit zu wissen, dass alles einem größeren Plan folgt, der mich letztlich auf meinem Weg weiterführt.

Impulse für Dich als Leser/in

Mein Rat an Dich: Nimm den Druck heraus, atme tief durch und gehe in die Achtsamkeit. Annehmen, was ist, und in Ruhe abzuwarten, bis sich die nächsten Schritte offenbaren, kann Dir helfen, in Deine innere Führung zu vertrauen. Erlaube Dir, von äußeren Erwartungen loszulassen und auf die leise, aber kraftvolle Stimme Deiner höheren Weisheit zu hören. Sie wird Dich führen – immer näher zu Deinem wahren Erfolg.

In Vertrauen und Verbundenheit,

Sabine Breiler

Mein Angebot:

Bist Du bereit, Dich mit Deiner inneren Führungskraft zu verbinden und Dein Business im Einklang mit Deinem Seelenweg authentisch zu gestalten?

Deine innere Führung ermöglicht es Dir, Herausforderungen mit Leichtigkeit zu meistern und Deinen eigenen Weg bewusst und kraftvoll zu gehen. Durch diese tiefe Verbindung wirst Du Entscheidungen treffen, die wirklich zu Dir passen, und nachhaltig Erfolg erleben – im Einklang mit Deiner Vision.

In meinem 6-Wochen-Training begleite ich Dich dabei, diese innere Stärke zu aktivieren. Ich lade Dich herzlich zu einem kostenfreien Klarheitsgespräch ein. Ich freue mich auf Deine Nachricht unter info@sabine-breiler.de.

Einfache Wahrnehmungsübung:

Viele verstandesgeprägte Menschen haben Schwierigkeiten, ins Gefühl zu kommen, ihren Körper und Energien zu fühlen. So ging es mir selbst auch. Eine ganz einfache Übung, die mir am Anfang sehr geholfen hat, stelle ich hier gern vor:

- Setze Dich bequem und aufrecht hin, schließe die Augen und atme tief durch die Nase ein und durch den Mund wieder aus, bis Du spürst, dass Du ruhiger wirst.
- Jetzt lege beide Hände entspannt auf Deine Oberschenkel und konzentriere Dich zuerst nur auf die linke Hand.
- Lenke Deine Aufmerksamkeit dann nur auf den linken Daumen und versuche, den Kontakt des Daumens zu Deinem linken Oberschenkel zu fühlen. Wie fühlt es sich an? Hat Dein Daumen überall die gleiche Kontaktfläche? Fühlst Du Wärme oder Kälte an den Kontaktflächen? Oder ein Kribbeln?
    - ➤ Es ist hier wichtig, nur wahrzunehmen, ohne zu bewerten oder etwas verändern zu wollen.
- Wenn Du möchtest, mache diese Wahrnehmungsübung mit jedem Deiner 10 Finger.
    - ➤ Du wirst am Ende feststellen, dass Du Deinen Körper mehr fühlen kannst, geerdeter und mental ruhiger bist.
- Diese Übung kannst Du jederzeit – auch in verkürzter Form – machen, um eine mentale Überladung zu harmonisieren. In Kombination mit bewusster Atmung ein einfaches, wirksames Tool.

Viel Freude damit!

Über die Autorin:

Business und Seele im Einklang – der Schlüssel zu wahrem Erfolg

Sabine Breiler ist seit 18 Jahren als Unternehmerin selbstständig und bietet Intensivbegleitungen sowie Ausbildungen in energetischer Heilarbeit an, die direkt über die Quelle allen Seins geführt sind. Ihre Arbeit basiert auf einer soliden spirituellen und wirtschaftlichen Grundlage, die sich aus ihrer langjährigen therapeutischen Erfahrung und ihren tiefgreifenden eigenen Transformationsprozessen speist. Diese besondere Kombination aus persönlicher Weiterentwicklung und wirtschaftlichem Wissen macht sie zu einer einzigartigen Begleiterin auf dem Weg zu persönlicher und beruflicher Erfüllung.

Mit ihrer ehrlichen, herzlichen und geerdeten Sichtweise verbindet Sabine den Alltag mit Spiritualität. Für ihre Kunden öffnet und hält sie auf sicherer Basis bisher verschlossene innere Räume. Ihre einfühlsame, kraftvolle Begleitung hilft insbesondere Selbstständigen und Unternehmern, die mutig und visionär neue Wege gehen möchten. Sie unterstützt ihre Kunden dabei, sich mit ihrer Gefühlswelt zu verbinden, ihre Wahrnehmung zu erweitern und diese Energie für den eigenen geschäftlichen Erfolg zu nutzen. Sabines Ansatz schafft eine tiefe Verbindung zwischen Business und seelischer Gesundheit – der Grundstein für langfristigen Erfolg.

Ihre Begleitungen richten sich an visionäre Unternehmer und Selbstständige, die an Grenzen herkömmlicher Methoden stoßen und offen dafür sind, ihr Bewusstsein zu erweitern. Sie begleitet

Menschen, die neugierig genug sind, neue Wege zu beschreiten und ihr Business im Einklang mit ihrem Inneren zu führen. Sabine Breiler vermittelt nicht nur Werkzeuge für persönliches Wachstum, sondern auch die Fähigkeit, die eigene Wahrnehmung zu schärfen und diese Energie aktiv in die berufliche Welt einzubringen.

Möchtest Du Dich mit Deiner wahren inneren Führungskraft verbinden und diese essentielle Energie für Dich freilegen? Deine innere Führungskraft gibt Dir die Kraft und Klarheit, um Herausforderungen mit Leichtigkeit zu meistern und Deinen authentischen Weg zu gehen. Durch diese Verbindung wirst Du für Dich stimmige Entscheidungen treffen und nachhaltig Erfolg haben – im Einklang mit Deiner Vision.

Im neuen 6-Wochen-Training lernst Du, wie Du diese innere Stärke aktivierst. Buche Dein kostenloses Klarheitsgespräch und erfahre, wie Du Dein volles Potenzial entfalten kannst.

Kontakt:
info@sabine-breiler.de
www.sabine-breiler.de

Dipl.-Betriebswirtin (FH)
Heilpraktikerin für Psychotherapie
Freie Heilerin

MIRJAM SAEGER: ICH KANN DOCH NICHT MEIN ESSEN POSTEN!

Doch, genau das kannst du. Genauso wie deinen Hund, deinen Spaziergang und ein Video, auf das du keinen Filter gelegt hast und in dem du dich verhaspelst. Warum du genau das tun solltest, wenn du deine Worte in die Welt tragen möchtest, um andere Menschen zu inspirieren, das erfährst du in den folgenden Zeilen. Und warum ausgerechnet deine Worte wichtig sind – auch das werde ich dir nun erläutern.

Viele Jahre lang habe ich mich nicht getraut, mich auf Social Media zu zeigen. Ich habe das Tool nur für Fotos genutzt, aber nie mein Gesicht gezeigt, geschweige denn ein Video gedreht. Der Perfektionist, der auf meiner Schulter saß, brüllte bei jedem Post lärmend in mein Ohr: „Das kannst du besser! Das reicht so noch nicht! Was, wenn die Leute den Post falsch verstehen! Lösch das lieber wieder!" Und genau das tat ich. Ich schrieb zwar Posts, aber auf „veröffentlichen" habe ich kaum geklickt. Doch dann kam der Tag, an dem ich mich selbstständig gemacht habe. Und mit einem Mal wurde mir klar, dass ich mich nun verkaufen musste. Ja, ich musste mich verkaufen, und auch wenn sich das jetzt gerade vielleicht ein bisschen seltsam anhört: Genau so ist es. Als Personenmarke verkaufst du nicht nur deine Leistungen, sondern vor allem dich selbst.

Du bist einzigartig, aber wer weiß das schon?

Der Markt ist voll von Coaches, Trainern, Unternehmerinnen und Menschen, die mit ausgeklügelten, psychologisch formulierten Verkaufsposts andere in ihren Bann ziehen. Wer den besten Copywriter engagieren kann oder sich die Tools selbst aneignet, wird sichtbar und gewinnt. Und bitte – versteh mich nicht falsch – auch das ist wichtig. Du sollst und musst deine Leistung verkaufen, ansonsten hat es sich schnell erledigt mit der Selbstständigkeit oder dem Unternehmertum.

Doch ich möchte dir heute noch einen anderen Ansatz mitgeben. Denn was genau sind deine Worte? Was genau passiert, wenn du ein Bild oder Video von dir machst und es auf Social Media einstellst?

Wenn du ein Bild machst, einen Text schreibst oder ein Video drehst, dann verpackst du einen Teil von dir energetisch in dieses Medium – also den Text, das Bild oder das Video. Diese Energie wirkt in der Welt weiter. Optimalerweise wird sie von deinem Gegenüber aufgenommen und wahrgenommen. Das heißt, wenn du einen Post schreibst, dann werden deine Worte von einer anderen Person gelesen, im Gehirn transformiert, zu Impulsen umgewandelt und bewirken etwas. Das kann Freude sein, Ablehnung, Wut, Trauer oder aber auch Inspiration. Auch ein Bild deines Essens bewirkt etwas. Vielleicht Hunger, vielleicht aber auch den Gedanken: „Ach schau mal, die Mirjam war im Restaurant XYZ. Das sieht doch toll aus dort, da gehe ich auch mal hin.“ Oder „Ach schau mal, die Mirjam isst gerne Pizza. Ich mag auch Pizza, das macht sie mir sympathisch.“ Diese Assoziationen passieren unbewusst und führen dazu, dass die Person, die deinen Post wahrnimmt, etwas damit anfängt. Was sie damit anfängt, das kannst du nur bedingt steuern, denn du weißt nie, in welcher Situation dein Post die anderen Social-Media-Teilnehmer antrifft.

Und jetzt stelle dir vor, du trägst regelmäßig deine Worte in die Welt. Authentisch, mit viel Herzblut und dem Gedanken, dass du anderen etwas mitgeben möchtest. Und sei es nur die Tatsache, dass du Pizza essen warst. All das sind Kontaktpunkte für Menschen, die sich mit dir verbinden können. Der eine Mensch reagiert auf die Pizza, der andere auf den Hund, der dritte auf deinen Urlaub am norwegischen Fjord und der vierte auf den entspannten Spaziergang in der Natur.

Du bist dein Business!

Haben all diese Dinge etwas mit deinem Business zu tun? Nein – oder nur bedingt, je nachdem, was du machst. Aber all diese Dinge haben etwas mit dir als Mensch zu tun. Und letztlich ist es doch genau das, was wir wollen: Wir wollen mit Menschen arbeiten, die wir sympathisch UND kompetent finden.

Dass du deine Kompetenz ebenfalls nach außen tragen musst, um den Menschen zu zeigen, was genau du machst und was sie bei dir kaufen können, ist selbstverständlich. Doch aus meiner Sicht solltest du deine Social-Media-Accounts nicht nur für Sales-Botschaften nutzen, sondern unbedingt auch dafür, dich als Mensch zu zeigen. Und wir Menschen sind unterschiedlich. Wir sind mal traurig, mal wütend, mal fröhlich, mal albern. All das sind Facetten deines Seins, die du nach außen tragen darfst. Ja, darfst, denn insbesondere Frauen trauen sich häufig nicht, sich genau so zu zeigen oder genau das zu sagen oder schreiben, was sie denken.

Das hat oftmals mit alten Glaubenssätzen aus der Kindheit zu tun. Auch ich habe solche Glaubenssätze in mir getragen und trage sie teilweise immer noch in mir. Mir wurde als Kind immer eingetrichtert, ich solle schön „diplomatisch“ sein und mich „nicht so in den Vordergrund stellen“. Diese Glaubenssätze haben dazu geführt, dass ich mich immer „zu viel“ fühlte. Also habe ich mich zurückgehalten, war schön diplomatisch, brav und habe immer versucht, zwei Schritte vorauszudenken, um nur ja niemandem auf die Füße zu treten. Solange, bis ich verstanden habe, dass es gar nicht möglich ist, es allen recht zu machen. Und vor allem, weil ich ebenfalls verstand, dass ich, wenn ich versuchte, es allen recht zu machen, es einer Person nicht mehr recht machen konnte – und das war ich selbst.

Denn je mehr ich mich verstellte, diplomatisch war, versuchte, nicht albern oder laut zu sein (was ich einfach manchmal bin), umso mehr entfernte ich mich von der Person, die ich tief im Herzen bin. Der Wendepunkt kam, als mir jemand nach einem Webinar sagte: „Du hörst dich gar nicht an, wie du selbst. Warum machst du das alles mit angezogener Handbremse?“ Das saß. Ich fing an, zu überlegen, wo ich mich zurücknahm. Wo ich aus Rücksicht für andere meine Wahrheit nicht aussprach. Wo ich aus Diplomatie mich selbst verleugnete.

Break the rules – ohne jemanden zu verletzen!

Natürlich haben wir gewisse Konventionen und Regeln hier auf dieser Welt, an die wir uns halten sollten, um unser Zusammenleben gut zu gestalten. Doch die meisten Regeln und Konventionen haben wir in unseren Köpfen. Wer sagt denn, dass man an einer Supermarktkasse nicht leise singen darf? Wer sagt denn, dass wir nicht glücklich lächelnd durch den Tag gehen dürfen, selbst wenn es regnet? Wer sagt denn, dass wir unser Leben so leben müssen, wie viele von uns es tun? Unauthentisch, gehemmt und immer mit gebeugten Schultern?

Ich weiß, ich schweife gerade ein wenig ab. Doch es ist mir wichtig, dass du erkennst, dass DU allein es in der Hand hast, zu entscheiden, ob und wie du deine Worte und damit auch dein Sein in die Welt trägst. Über Social Media, über Bücher, über Blogbeiträge, indem du mit Menschen sprichst. Denn letztlich bereicherst du mit deinem Sein die Welt. So, wie du bist. Denn alle anderen gibt es schon.

Also, trau dich bitte unbedingt, deine Worte in die Welt zu tragen. Sag, was du sagen willst, auch wenn du damit aneckst. Zeig dich so, wie du bist, damit alle, die genau dich brauchen, dich auch finden können. Gib den Menschen, die von einer Zusammenarbeit mit dir profitieren können, die Chance, dich zu finden. Und gib allen anderen Menschen, die deine Art blöd finden, auch die Chance, dich zu finden und abzulehnen. Denn niemand ist für jeden die richtige Person. Trau dich, du zu sein und deine Worte in die Welt zu tragen. Je mehr Menschen genau das tun, umso mehr Inspiration und unterschiedliche Gedanken haben wir in der Welt. Und genau das brauchen wir.

Über die Autorin:

Mirjam Saeger ist erfahrene Buchmentorin, Ghostwriterin und Expertin für Sachbücher. Sie hat bereits über 70 Buchprojekte erfolgreich betreut und führt ihren eigenen Verlag „Expertition", in dem sie Autor:innen dabei unterstützt, ihre Werke authentisch und professionell zu veröffentlichen. Als Mitglied des **Diplomatic Council** ist sie zudem Herausgeberin der Buchreihe der **Future Academy**, in der innovative Ideen und zukunftsweisende Themen im Fokus stehen.

Mit mehr als 25 Jahren Berufserfahrung in mittelständischen Unternehmen und einer systemischen Ausbildung zur energetischen Familienaufstellerin bringt sie fundiertes Wissen, Einfühlungsvermögen und ein tiefes Verständnis für die Bedürfnisse ihrer Kund:innen in ihre Arbeit ein.

Als Speakerin inspiriert sie mit Vorträgen rund um die Themen Bucherstellung, Social Media Storytelling und Persönlichkeitsentwicklung. Sie schreibt regelmäßig für **Focus Online** und wurde 2024 als eine der Top 500 Köpfe der **Erfolgswelt** ausgezeichnet. Ihre Stärke liegt in der Kombination aus kreativer Textkompetenz, Empathie und der Fähigkeit, komplexe Inhalte auf den Punkt zu bringen. Mit ihrer IDEAL-Formel für Social Media Storytelling unterstützt sie Unternehmerinnen und Coaches dabei, sich sichtbar zu machen und ihre Zielgruppe gezielt anzusprechen.

Abonniere jetzt meinen Newsletter von und erhalte wertvolle Tipps rund ums Schreiben, Social Media Storytelling und Persönlichkeitsentwicklung – direkt in dein Postfach!

MARTINA POPHAL: WEIBLICHE ROLE-MODELS – ZEIGT EUCH!

Als ich mein Mathematik-Studium begann, hatte ich viele Fragen und noch mehr Zweifel, was man mit so einem Studium macht. Ich konnte Mathe. Doch „Muss ich dann Lehrerin werden?“ fragte ich unsicher meinen Professor – eine Vorstellung, die mir gar nicht zusagte. Er lachte nur und sagte: „Die Welt der Mathematik hat so viel mehr zu bieten.“ Ich hatte nie zuvor jemanden kennengelernt, der Mathematiker war, also stürzte ich mich in eine unbekannte Welt – als Frau, die in einer Männerdomäne ihren Platz finden musste. Wenig später half ich sogar dabei, eine Messe an der Uni zu organisieren, auf der Firmen nach Mathematikern suchten.

Doch bald fiel mir auf, wie selten ich auf Frauen traf. Im Studium waren weniger als zwanzig Prozent meiner Kommilitonen Frauen. Später, als ich mein eigenes Unternehmen gründete, sah es noch extremer aus. Weibliche Kolleginnen oder Vorbilder? Kaum zu finden. In einer Branche, die von Männern dominiert war, musste ich oft den Weg einschlagen, den auch sie gingen. Das bedeutete: Stärke zeigen, so auftreten wie die anderen – wie die Männer.

Aber wo war der Raum für Austausch auf Augenhöhe? Wo waren die Frauen, die mir zeigen konnten, wie es geht? Ich machte mich auf den Weg und fand einige interessante Netzwerktreffen von

Unternehmern. Auch da war es schwierig, Unternehmerinnen zu treffen, die Erfahrungen weitergeben konnten. Meist waren es da wieder Männer, die mit Rat und manchmal auch Tat zur Seite standen.

Das wollte ich ändern – ich wollte anderen zur Seite stehen. Jedes Mal, wenn ich selbst einen Meilenstein erreichte, wollte ich andere daran teilhaben lassen. Schon in der Schule hatte ich Nachhilfe in Mathe gegeben. Ich zeigte meinen Mitschülerinnen, dass Mathe keine unüberwindbare Hürde war. Vielleicht war meine Herangehensweise anders – vielleicht lag es daran, dass ich als Frau einen lockeren und humorvollen Zugang fand. Schon damals war mir klar, dass ich anders an die Dinge heranging. Mein Vater betrieb einen Kiosk, und dort lernte ich früh das Rechnen – so gut, dass ich zur „Rechenkönigin" meiner Schule wurde. Das hat mich geprägt.

Später, als ich Geschäftsführerin wurde, bot ich Mädchen in meinem Unternehmen Praktika und Jobs an. Ich wollte ihnen zeigen, dass auch in traditionell männlichen Berufen Platz für uns Frauen ist. Gleichzeitig wurde ich Technikgesicht der IHK – ein Titel, auf den ich stolz bin.

Meine Leidenschaft, Frauen zu unterstützen, führte mich auch zu einer Unternehmerinnenschule. Dort half ich Frauen, ihre eigenen Unternehmen zu gründen. Gemeinsam arbeiteten wir an Businessplänen, bereiteten uns auf Bankgespräche vor und präsentierten die Konzepte bei Wettbewerben. In diesen Momenten war ich oft diejenige, die Mut zusprach, wenn Zweifel aufkamen. Ich wusste, wie sich das anfühlt, und war froh, meine Erfahrungen teilen zu können.

Da ich in meiner Umgebung kein Netzwerk gefunden habe, habe ich selbst welche gegründet: gemeinsam mit dem Bürgermeister meiner Stadt einen Unternehmer-Brunch und Businessfrauen zum Business-Speeddating eingeladen. Da ist viel draus entstanden. Wie jetzt zum Beispiel der Glorias Business Club, um Frauen in ihre Stäke und Sichtbarkeit zu bringen. Und dies mit dem Prinzip: Jede gibt, was sie kann. So entstehen echte Ergebnisse aus tiefen Verbindungen.

Es gibt so viele Themen, die uns Frauen in der Geschäftswelt begegnen – Buchhaltung, Selbstwertgefühl, Vereinbarkeit von Beruf und Familie. Niemand sollte diese Herausforderungen allein bewältigen müssen. Das war für mich immer klar.

Heute bin ich dankbar für die vielen Netzwerke, die es gibt. Von MINT-Gruppierungen, die Frauen in mathematisch-technischen Berufen stärken, bis zu Netzwerken erfolgreicher Unternehmerinnen – überall gibt es Raum für Austausch und Unterstützung. Hier kommen Frauen zusammen, um voneinander zu lernen, sich zu motivieren und gemeinsam zu wachsen.

Wir Frauen haben eine besondere Art, miteinander umzugehen. Erfolg bedeutet für uns oft, nicht gegeneinander anzutreten, sondern wir erkennen die Kraft der Zusammenarbeit und setzen sie um. Jeder Erfolg einer Frau kann den Weg für die nächste ebnen. Das ist unser Ansatz. Wir helfen uns gegenseitig und bauen so Brücken, anstatt sie niederzureißen.

Deshalb schaffen wir Netzwerke, in denen wir einander unterstützen und Lösungen finden, die für alle funktionieren. Es geht darum, dass jede Frau ihre Ziele erreicht, ohne sich dabei zu verbiegen. So können wir alle unsere wahre Stärke erkennen.

Auch das Thema Work-Life-Balance sehen wir anders. Es geht nicht darum, alles perfekt zu machen, sondern kreative Lösungen zu finden. In meinem Unternehmen habe ich einen Preis als familienfreundliches Unternehmen gewonnen, weil es mir wichtig war, Zeit für meine Kinder zu haben und dennoch erfolgreich zu sein. Ich glaube fest daran, dass wir Frauen den Weg für eine neue Arbeitswelt bereiten können – eine, in der wir uns nicht verbiegen müssen. Die Männer auch nicht. Und nebenbei habe ich entdeckt, dass ich mit Preisen Aufmerksamkeit bekomme. Ein echter Tipp!

Weibliche Vorbilder sind der Schlüssel zu einer Zukunft, in der jede Frau den Mut findet, ihren eigenen Weg zu gehen. Ich bin überzeugt, dass wir – gemeinsam mit den Männern – eine Arbeitswelt schaffen können, die für alle funktioniert. Eine Welt, in der Burn-out seltener wird und in dem Respekt und Zusammenarbeit an erster Stelle stehen.

Alles ist möglich, wenn wir zusammenhalten!

Als Fazit möchte ich meine drei essentiellen Top Tipps für Frauen am Anfang ihrer Karriere und darüber hinaus vorstellen – und das nicht nur in der Mathematik:

Netzwerke nutzen und aufbauen:

Gerade in Feldern, die traditionell von Männern dominiert werden, ist es unerlässlich, sich ein starkes Netzwerk aufzubauen, so wie ich jetzt den Glorias Business Club. Sucht aktiv nach Mentorinnen und Mentoren, die euch inspirieren und unterstützen können. Nutzt Veranstaltungen, Messen und Online-Plattformen, um Kontakte zu knüpfen und Erfahrungen auszutauschen. Denkt daran, Netzwerken ist kein einseitiger Prozess. Netzwerken ist Geben und Nehmen, bietet eure Hilfe an und teilt euer Wissen genauso bereitwillig, wie ihr die Erfahrungen und Kontakte der anderen nutzt.

Zeigt euch:

Traut euch, sichtbar zu sein. Präsentiert euer Angebot, eure Arbeit und eure Erfolge, sei es in Meetings, auf Konferenzen oder in sozialen Medien. Sichtbarkeit führt zu Anerkennung und öffnet Türen zu neuen Möglichkeiten. Scheut euch nicht davor, für eure Leistungen einzustehen und diese zu kommunizieren. Eure Stimme und eure Arbeit verdienen es, gehört und gesehen zu werden. Und: Übung macht die Meisterin.

Mentoring und lebenslanges Lernen:

Die Business-Welt und die der Technologie entwickelt sich rasant weiter – und ihr auch. Bleibt neugierig und investiert in euch. Ich habe immer Mentorinnen an meiner Seite, um das nächste Level zu erreichen. Dadurch erweitert sich mein Horizont. Wir müssen nicht alles alleine schaffen. Auch Du nicht. Du erweiterst so nicht nur deine Fähigkeiten, sondern auch deinen Horizont.

Role Models nutzen diese Tipps ganz natürlich. Indem Du dies beherzigt, kannst Du nicht nur Deine eigene Karriere vorantreiben, sondern auch dazu beitragen, den Weg für die nächste Generation von Unternehmerinnen zu ebnen. Sowohl in männerdominierten Bereichen als auch in jeden anderen Businessumfeld.

Über die Autorin:

Martina Pophal ist eine Expertin für Netzwerken und Sichtbarkeit, die sich darauf spezialisiert hat, Solopreneuren und Einzelkämpferinnen dabei zu helfen, ihre Kundengewinnung zu steigern und ihre Sichtbarkeit nachhaltig zu erhöhen. Mit ihrer einzigartigen POPHAL-Methode zeigt sie dir, wie du organisch wachsen kannst und sowohl online als auch offline die richtigen Kontakte findest und pflegst und ist ein bewährtes System, das dich Schritt für Schritt durch die wichtigsten Aspekte des Netzwerkens und der Sichtbarkeit führt.

Mit Glorias Business Club hat sie ein Netzwerk für Frauen gegründet, um sich gegenseitig dabei zu unterstützen, mit dem Herzensbusiness sichtbar zu werden.

Zu Beginn ihrer Karriere hat Martina als Diplom-Mathematikerin, Geschäfts- und Projektleitung in vielen großen Firmen gearbeitet und schon dort als Schnittstelle zwischen den Bereichen gewirkt. Dort hat sie die Kraft von Netzwerken schon geliebt. Ihre Erfahrung aus den internen Strukturen eines DAX-Unternehmens konnte sie wunderbar auch auf jeden einzelnen Unternehmer übertragen. „Wer weiß, wen er fragen kann, der hat unendliche Vorteile“.

Martina ist Mutter von drei erwachsenen Kindern und Oma von Ben.

Martina Pophal
Bogenstr. 37
40227 Düsseldorf
martina@pophal.tv
glorias-club.com

MONIKA ERNST: DIE KRAFT IN DIR: SELBSTZWEIFEL ÜBERWINDEN, SELBSTVERTRAUEN GEWINNEN

Wir sitzen zu dritt im Sitzungszimmer.

Die beiden Geschäftsführer und ich als Personalleiterin einer kleinen Informatik-Firma. Wir sprechen über einen weiteren Ausbau des Teams. Das heisst, hauptsächlich sprechen die beiden Herren. Ich versuche mehrmals, meine Sichtweise einzubringen, aber jedes Mal fällt mir einer der Beiden ins Wort.Ich werde einfach nicht gehört...

Doch dann hebt sich auf einmal mein Arm in die Luft - und kracht mit geballter Faust auf den Tisch herunter!

Totenstille.

Ich bin über mich selbst entsetzt: Wie kann ich nur!

Aber dann merke ich, wie sich meine Schultern straffen und ich mich aufrichte. Und ein gewisses Gefühl von Stolz macht sich in mir breit.

Yessssss, ich habe mich tatsächlich verändert! Ich traue mich jetzt wirklich, mich zu zeigen, meine Stimme zu erheben und für meine Meinung einzustehen.

Und anstatt des befürchteten Anschisses seitens der Geschäftsführer kommt sogar Lob für meine Aktion. Sie hören mir tatsächlich endlich zu!

Warum ich Dir dieses Ereignis erzähle, auch wenn es schon acht Jahre zurück liegt?

Weil es für mich ein Meilenstein war!

Ein besonderer Moment in meiner persönlichen Entwicklung, der mir bis heute deutlich in Erinnerung ist.

Denn ich war mein ganzes Leben lang die, die sich immer versteckt hat.

Die, die geglaubt hat, sie ist nicht gut genug, und ihre Meinung ist nicht wichtig.

Die, die sich schnell hat verunsichern lassen und immer dachte, die anderen wissen es besser.

Viele Jahre meines Lebens habe ich unter dem Impostor-Syndrom gelitten.

Das Impostor-Syndrom

Das Impostor-Syndrom - auch das Hochstapler-Syndrom genannt - bedeutet, dass man unter der ständigen Angst lebt, als Hochstapler aufzufliegen.

Betroffene Personen haben das Gefühl, nicht so gut oder fähig zu sein, wie andere es denken. Selbst wenn sie Erfolg hat, glauben sie, es nicht verdient zu haben. Sie denken, sie seien nur durch Glück oder Zufall erfolgreich.

Die ständige Angst, dass andere entdecken könnten, dass sie eigentlich gar nicht so gut sind, belastet sie. Typisch für das Impostor Syndrom sind starke Selbstzweifel, Stress, hoher Leistungsdruck und eine übermässige Angst davor, Fehler zu machen.

5 Tipps und Übungen, die Dir helfen, das Importe Syndrom zu überwinden

#1 Erkenne Deine Erfolge an:

Gehörst Du auch zu denen, die meinen, dass alles, was sie schaffen und erreichen, doch gar nichts Besonders ist? Entweder ist es «doch ganz normal», oder einfach «Glück gehabt oder nur ein Zufall.

Weisst Du was? Das ist Bullshit!

Du hast etwas erreicht! Du hast eine Herausforderung bestanden! Du bist über Dich hinausgewachsen, hast vielleicht Deine Ängste besiegt.

Oft neigen wir Menschen jedoch dazu, unsere Erfolge zu vergessen oder kleinzureden, während wir ihre Fehler stark in den Vordergrund rücken. Doch wenn wir uns aktiv daran erinnert, was wir bereits erreicht haben, stärkt das das Vertrauen in die eigenen Fähigkeiten und motiviert, neue Herausforderungen anzunehmen.

Um das zu üben, kannst Du täglich Deine Erfolge notieren, egal wie klein sie scheinen. Das kann ein guter Vortrag, ein gelöstes Problem oder auch eine mutige Entscheidung sein. Wichtig ist, dass Du dabei nicht nur die „grossen" Meilensteine zählst, sondern auch die kleinen Schritte, die zum Fortschritt führen. Über die Zeit lernst Du, die eigenen Leistungen wertzuschätzen und positiver über Dich selbst zu denken.

Und ja Deine kleinen und grossen Erfolge wollen gefeiert werden! Also feier Dich und jeden Deiner Erfolge – und sei er noch so klein – ganz bewusst! Gönn Dir eine kleine Belohnung, klopf Dir auf die Schulter, nimm Dich selbst in den Arm und sei stolz auf Dich!

#2 Akzeptiere Komplimente

Kennst Du den Spruch: «Frauen Komplimente machen ist wie Topfschlagen im Minenfeld?»

Viele Menschen, insbesondere Frauen und hier insbesondere die mit einem geringen Selbstwertgefühl, neigen dazu, Komplimente abzulehnen. Wie reagierst Du, wenn Dir jemand etwas Nettes sagt: Freust Du Dich und nimmst das Kompliment oder den Dank an oder sagst Du: „Ach, das ist doch selbstverständlich." oder „Das ist doch nichts Besonderes." Vieleicht denkst Du auch, Du hast es nicht verdient?

Ab heute sammelst Du alle Komplimente und Nettigkeiten ein. Freu Dich, bedanke Dich und lege sie in Dein Herz. Denn Du bist es wert!

Welches Kompliment hast Du kürzlich bekommen! Einmal in die Kommentare damit, danke.

#3 Vergleiche Dich nicht ständig mit anderen:

Gehörst Du auch zu denen, die das Leben als permanenten Wettbewerb verstehen? Ständig vergleichst Du Dich mit anderen: Wer präsentiert besser? Wer bringt die besten Vorschläge? Wer verdient am meisten Geld? Wer besitzt das neuere Handy? Wer ist beliebter?

Ich bitte Dich: Hör auf mit dem Vergleichen! Mach Dir klar, dass Du Dir dadurch nur selber schadest. Immer, wenn Du anfängst, Dich zu vergleichen und Dich dadurch schlecht fühlst, denke an die folgenden beiden Dinge:

Du kannst Dich gar nicht realistisch mit anderen vergleichen. Erstens ist jeder Mensch komplett unterschiedlich und zweitens pflegt der/die andere oft einen ganz anderen Lebenswandel als Du. Du siehst nur einen Teilaspekt, welcher das Ergebnis von etwas ist. Diese Ergebnisse kannst Du nicht miteinander vergleichen, wenn die Voraussetzungen dafür völlig unterschiedlich sind.

Und das zweite ist: Bringt Dir der Vergleich irgendeinen Vorteil? Nein!

Du fühlst Dich damit nur schlechter, schadest Dir damit selbst…

Also, hör auf zu vergleichen und mache Dir immer wieder bewusst, dass Du einzigartig bist. Versuche nicht, so zu werden, wie jemand anderes. Sei ganz Du selbst.

Lebe das Original, anstatt eine Kopie von irgend jemand anderem zu werden!

#4 Erlaube es Dir, Fehler zu machen

Jeder Mensch macht Fehler oder weiss mal etwas nichts. Dem würdest Du doch zustimmen, oder?

Ist das schlimm?

Nein!

Das ist menschlich.

Doch wie sieht es bei Dir selbst aus?

Erlaubst Du Dir, Fehler zu machen?

Darfst Du mal auf eine Frage keine Antwort haben?

Oder erwartest Du von Dir selbst, dass Du perfekt sein musst?

Dieser Perfektionismus übt einen unglaublichen Druck auf Dich aus. Du forderst etwas von Dir, was – im wahrsten Sinne des Wortes – unmenschlich ist.

Du bist perfekt. Auch wenn Du mal einen Fehler machst. Auch wenn Du mal etwas nicht weisst.

Erlaube es Dir!

Schreibe Dir mal alles auf, was Du von Dir selbst erwartest.

Z.B. Ich muss....

- pünktlich,
- zuverlässig,
- verständnisvoll,
- hilfsbereit
- perfekt vorbereitet
- ...

sein.

Und jetzt bilde Dir zu jedem Begriff einen Satz, der auch das Gegenteil beinhaltet, analog der folgenden Beispiele:

- Ich bin pünktlich, und darf auch unpünktlich sein.

- Ich bin zuverlässig, und darf auch unzuverlässig sein
- Etc.

Merkst Du, wie Dich das erleichtert? So, als würde eine grosse Last von Deinen Schultern genommen werden, nicht wahr?

Erlaube Dir alles zu sein, und das Gegenteil.

#5 Komm bei Dir selbst an

In der Meditation kommst Du wieder ganz bei Dir selbst an und kannst Dir selbst bewusst werden. Beginne also mit dem regelmässigen meditieren. Und seien es am Anfang nur 2 Minuten.

Die beste Zeit zum Meditieren ist morgens direkt nach dem Aufwachen oder abends vorm Einschlafen. Versuche, nach und nach die Zeit der Meditation zu verlängern.

Verurteile Dich nicht, wenn Deine Gedanken abschweifen, das ist normal. Wichtig ist, dass Du Dir dessen möglichst schnell bewusst wirst und Dich wieder auf Deinen Atemstrom / Dein Mantra / Deinen Körper fixierst.

Setzte Dich in eine bequeme Position, schliesse Deine Augen und komme mit drei tiefen und bewussten Atemzügen ganz bei Dir an. Gehe anschliessend in einen natürlichen Atemrythmus über und fokussiere Dich auf deinen Atemstrom.

Denk Dir ein kurzes Mantra aus, dass Du Dir in Deinem Atemrythmus innerlich aufsagst.

Z.B.

- Ich (einatmen) bin (ausatmen)

- Frie (einatmen) den (ausatmen)
- Ver (einatmen) traun (ausatmen

Oder Du stellst Dir vor, wie Du Dich einmal komplett durch Deinen Körper atmest, jede Region Deines Körpers bewusst beatmest.

Du kannst auch ganz bewusst einzelne Körperteile /-partien ansteuern und nur diese bewegen.

Z.B.

- Kleiner linker Finger
- Rechter grosser Zeh
- Linke Augenbraue
- Zungenspitze

Mache diese Kurzmeditationen regelmässig und Du wirst feststellen, wie es in Dir immer ruhiger wird und Du Vertrauen zu Dir selbst erlangst.

Heute ist ein guter Tag für Veränderung

Wenn ich heute zurückblicke auf meinen Weg, dann bin ich sehr dankbar. Dankbar für all die Erfahrungen, die ich gemacht habe, und die mich schliesslich zu dem haben werden lassen, was ich heute bin.

Früher war ich schüchtern, unsicher und auf Sicherheit bedacht. Meine Ängste hatten mich fest im Griff.

Anstatt MICH SELBST zu leben, habe ich meistens das gemacht, von dem ich dachte, die ANDEREN erwarten es von mir.

Das hat dazu geführt, dass ich mich selbst, meine Meinung und Bedürfnisse immer mehr verraten habe.

Und je mehr ich mich an den Anderen orientiert habe, desto einsamer ist es in mir selbst geworden.

Als ich schliesslich diese Einsamkeit, die Traurigkeit und die innere Leere nicht mehr ausgehalten habe, habe ich einen neuen Weg eingeschlagen:

Den Weg vom Aussen nach Innen.

Den Weg vom Kopf ins Herz.

Was ich dort entdeckt habe, hat mich reich gemacht. Schritt für Schritt konnte ich meine Ängste und Selbstzweifel überwinden und immer mehr die Monika leben, die tief in mir schon immer da war.

War dieser Weg immer einfach?

Nein?

Hat er sich gelohnt?

Sowas von!

Weg von der einsamen, unglücklichen Single-Frau, die viel zu viel gearbeitet hat und fremdbestimmt war. Hin zu einer selbstbewussten und glücklichen Frau, die beruflich und privat ihren Traum lebt.

Wenn Du Dich selbst noch nicht als die wunderbare Frau erkennst, die Du bist, mach Dich heute auf den Weg!

Denn heute ist ein guter Tag für Veränderung. Beginne am besten gleich mit einem meiner Tipps und zünde Dein Inneres Licht wieder an.

Fang an, DICH zu leben!

Test Impostor Syndrom

Um herauszufinden, ob auch Du vom Impostor Syndrom betroffen bist, habe ich einen kleinen Test für Dich vorbereitet.

Beantworte einfach die folgenden Fragen mit ‚Ja' oder ‚Nein'.

1. Hast du das Gefühl, dass Deine Erfolge hauptsächlich auf Glück oder Zufall basieren?
2. Hast Du Angst davor, dass andere irgendwann merken könnten, dass Du nicht so kompetent bist, wie sie denken?
3. Fühlst Du Dich oft unwohl, wenn Du Lob oder Anerkennung erhältst?
4. Vergleichst Du dich ständig mit anderen und hast das Gefühl, nie gut genug zu sein?
5. Übernimmst Du oft zu viel Verantwortung und machst dir dann Vorwürfe, wenn nicht alles perfekt läuft?
6. Hast Du oft das Gefühl, dass Du keine wirklich wertvolle Arbeit leistest, obwohl andere Dich dafür loben?
7. Zweifelst Du an Deinen Fähigkeiten, auch wenn Du objektiv gesehen in Deiner Arbeit oder Deinem Studium erfolgreich bist?
8. Versuchst Du oft, Fehler oder Schwächen vor anderen zu verstecken, aus Angst, sie könnten Dein „wahres Ich" entdecken?
9. Fühlst Du Dich häufig unwohl oder unzureichend, wenn Du in eine neue Rolle oder Position befördert wirst?
10. Denkst Du, dass Du jede Aufgabe, die Du angehst, perfekt erledigen musst?

Wenn du bei den meisten dieser Fragen mit ‚Ja' geantwortet hast, ist es sehr wahrscheinlich, dass du mehr oder weniger stark vom Impostor-Syndrom betroffen bist. Aber keine Sorge, du bist nicht allein damit. Studien zeigen, dass bis zu 70% der deutschen Bevölkerung irgendwann in ihrem Leben mal unter dem Impostor Syndrom leidet.

Über die Autorin:

Authentisch, weiblich, selbstBEWUSST: Mentorin für INNERE Fülle

Monika Ernst kennt das Gefühl, ständig an sich selbst zu zweifeln. Über viele Jahre hinweg litt sie unter dem Imposter-Syndrom, dem lähmenden Gefühl, nie gut genug zu sein. Trotz mehrerer Therapieversuche fand sie erst in der Transformationstherapie und Hypnose den Schlüssel zu echter Veränderung. Mit diesen neuen Ansätzen konnte sie endlich ihre Ängste und tief sitzenden Blockaden lösen – und damit ihren Weg zu mehr Selbstvertrauen finden.

Nach ihrer Karriere in der Wirtschaft unterstützt Monika heute als Transformations- und Hypnose-Coach Frauen dabei, sich selbst bewusst zu werden und ihre innere Stärke zu entfalten. Ihr Fokus liegt auf den Themen Selbstwert, Selbstbewusstsein sowie dem gesunden Umgang mit Emotionen – Aspekte, die sie als Grundlage für ein erfülltes und freies Leben sieht.

Seit 2016 hat sie Tausende Menschen mit ihren Coachings, Seminaren und Kongressen inspiriert und begleitet. Ihr Buch „Deine beste Freundin bist DU – 22 Tipps auf deinem Weg zur Selbstliebe" bietet einfache, praxisnahe Wege zu mehr Selbstakzeptanz. 2023 stand sie im Finale von „Germany's Next Speaker Star" auf der Bühne der Frankfurter Jahrhunderthalle.

Monikas Botschaft ist klar: Wer sich selbst bewusst ist, kann ein erfüllteres, glücklicheres Leben führen – und sie zeigt, wie dieser Weg aussieht.

Ihr Motto lautet: Fang an, DICH zu leben!

Kontakt:
kontakt@monika-ernst.ch
https://monika-ernst.ch
https://hypnose-funktioniert.ch

Du wünschst Dir mehr Selbstbewusstsein und innere Fülle? Ich lade Dich zu einem meiner regelmässig stattfindenden online Trainings ein. Jetzt den Code scannen und kostenlos anmelden, ich freu mich auf Dich!

Folge mir:
LinkedIn: https://www.linkedin.com/in/monika-ernst
YouTube: https://www.youtube.com/@MonikaErnst.SelbstBEWUSSTsein

KATJA SCHLECHT: UNVERWECHSELBAR SICHTBAR – WIE UNTERNEHMERINNEN IHRE EINZIGARTIGKEIT ZEIGEN UND IM MARKT GLÄNZEN

Ein perfekter Abend am Meer: Das Rauschen der Wellen, die goldene Sonne, die den Horizont berührt. An einem solchen Tag, irgendwo an der Küste Marokkos, erreichte mich eine Nachricht, die alles veränderte: „Liebe Katja, ab September brauchen wir dich nicht mehr." Zack – 60 % meines Umsatzes waren von einem Moment auf den anderen weg. Als Freelancerin kenne ich diese Risiken, doch dieser Moment fühlte sich an wie ein Schlag in die Magengrube.

Aber in jeder Krise steckt eine Chance. Der Verlust eines großen Projekts öffnete mir die Augen für eine neue Richtung: Statt weiterhin für namhafte Marken wie MTV, Levis oder die Techniker Krankenkasse Kampagnen zu entwickeln, entschied ich mich dafür, mit erfolgreichen Unternehmern direkt zu arbeiten. Es ging nicht mehr um „nur" Produkte, sondern um Menschen und ihre einzigartigen Unternehmermarken.

Warum du als erfolgreicher Unternehmer deine Marke stärken musst

Du fragst dich vielleicht, warum deine Personal Brand so wichtig ist? Ganz einfach: Menschen kaufen keine Produkte, sie kaufen Vertrauen, Authentizität und Geschichten – und genau das kannst nur du ihnen bieten. Egal, wie innovativ oder einzigartig dein Produkt ist – der wahre Erfolg liegt in der Geschichte und Persönlichkeit, die dahinterstehen. **Deine Geschichte verkauft deine Marke.**

Deine Geschichte ist das Fundament deiner Marke

„Aber was habe ich schon zu erzählen?" – Diese Frage höre ich oft. Doch glaub mir, jeder Unternehmer hat eine Geschichte, die es wert ist, erzählt zu werden. Schau auf deinen eigenen Weg: Welche Herausforderungen hast du überwunden? Was hat dich zu dem gemacht, was du heute bist? Genau diese Geschichten sind das Herz deiner Marke und zeigen deinem Publikum, dass du nicht nur erfolgreich bist, sondern auch nachvollziehbare Hürden gemeistert hast.

Dein Erfolg wird durch deinen Weg definiert

Ich erinnere mich an den Beginn meiner Reise. Aufgewachsen in einem kreativen, liebevollen Umfeld, hatte ich eine große Schwäche: den Mut, mich zu zeigen. Ich hatte die Stimme meiner Mutter im Ohr, die Angst hatte, vor Menschen zu sprechen. Lange Zeit hielt mich diese innere Blockade zurück. Doch als ich sie überwand und den Mut fand, meine Geschichte zu erzählen, wuchs mein Selbstvertrauen – und mit ihm mein Erfolg. Vielleicht hast auch du solche Blockaden. Doch genau diese Verletzlichkeit macht dich authentisch und hebt dich von der Masse ab.

Wie du deine Unternehmermarke aufbaust

Das Erfolgsrezept für eine starke Unternehmermarke basiert auf drei Säulen:

1. **Persönlichkeit und Identität**
   Deine Marke beginnt bei dir – deiner Geschichte, deinen Werten und deiner Persönlichkeit. Die Menschen kaufen nicht einfach ein Produkt oder eine Dienstleistung, sie kaufen dich! Was macht dich einzigartig? Welche Werte lebst du? Genau diese Einzigartigkeit ist dein Alleinstellungsmerkmal. Zeige, was dich wirklich antreibt, und lass dein Publikum daran teilhaben.

2. **Positionierung und dein Wunschkunde**
   Wofür willst du am Markt stehen? Du musst eine glasklare Vorstellung davon haben, für wen du sichtbar werden willst. Dein Wunschkunde ist nicht irgendwer – es ist eine Person mit konkreten Bedürfnissen und Herausforderungen. Stell dir vor, du schreibst deinem idealen Kunden einen persönlichen Brief: Womit kämpft er? Was sucht er? Je besser du deinen Wunschkunden kennst, desto gezielter kannst du deine Botschaft auf ihn zuschneiden. Ein cooler Businessauftritt ist gut – aber ein starker, strategisch positionierter Auftritt ist nachhaltig besser!

3. **Sichtbarkeit und Strahlkraft**
   Deine Marke lebt von ihrer Sichtbarkeit. Egal, wie genial deine Geschäftsidee ist, wenn niemand von dir weiß, wirst du nicht erfolgreich sein. Nutze die Power moderner Kommunikationstools – von Social Media über eine

professionell gestaltete Website bis hin zu gezieltem Storytelling. Es reicht nicht, präsent zu sein; du darfst leuchten, aus der Masse hervorstechen und deine Kunden magnetisch anziehen. Und vergiss nicht: Sichtbarkeit bedeutet nicht nur eine schöne Oberfläche – es geht darum, konsistent und authentisch zu kommunizieren.

Mut zur Sichtbarkeit – der Schlüssel zum Erfolg

Für viele Unternehmer ist die größte Hürde nicht die Strategie, sondern der Mut, sich zu zeigen. Sichtbarkeit bedeutet, sich verletzlich zu machen. Doch genau darin liegt die Chance.

Nur wer sich zeigt, wird auch gesehen.

Ich erinnere mich noch gut an meine ersten Schritte in die Sichtbarkeit. Ich stand auf Bühnen, erzählte meine Geschichte, und mit jedem Auftritt wuchs mein Selbstvertrauen. Früher dachte ich, es sei einfacher, im Hintergrund zu bleiben. Heute weiß ich: Wer sich nicht zeigt, wird übersehen – und das gilt besonders in einem umkämpften Markt.

Der Aufbau deiner Marke ist ein dynamischer Prozess

Erfolgreiche Marken entstehen nicht über Nacht. Dein Unternehmen läuft vielleicht schon erfolgreich, aber deine Personal Brand hat noch nicht die Strahlkraft, die du dir wünschst? Kein Problem! Der Aufbau einer Marke ist ein fortlaufender Prozess – ähnlich wie das Gießen einer Pflanze. Mit der richtigen Pflege und Geduld wächst deine Marke zu einem beeindruckenden Baum heran, der andere überragt.

Bereit, dich als Unternehmer Marke zu positionieren?

Du hast bereits ein erfolgreiches Business? Großartig! Jetzt ist es Zeit, dich als Marke zu positionieren, die sich vom Wettbewerb abhebt. Nutze deine Erfahrung, deine Werte und deine Vision, um eine starke, unverwechselbare Marke zu erschaffen.

Fang heute damit an, deine Geschichte zu erzählen, deine Kunden gezielt anzusprechen und dich sichtbar zu machen. Der Erfolg wird nicht lange auf sich warten lassen.

Fazit: Werde zur Marke, die nicht nur Erfolg bringt, sondern Erfolg lebt

Erfolgreiche Unternehmer wissen, dass ihre Marke mehr ist als ein Logo oder ein Produkt. Es geht darum, mit einer klaren Botschaft sichtbar zu sein, die Persönlichkeit zu zeigen und das Vertrauen der Kunden zu gewinnen. Dein Weg, deine Einzigartigkeit und deine Strahlkraft machen dich als Unternehmer unersetzbar.

Also, worauf wartest du noch? Zeig der Welt, was dich einzigartig macht – und mach deine Marke zum Erfolgsgaranten! Im 1:1 oder in meinen Kleingruppen-Trainings zeige ich dir Schritt für Schritt deine Klarheit in die Sichtbarkeit.

Lass uns gemeinsam wachsen und melde dich zum kostenfreien Potenzial-Gespräch an:

https://calendly.com/tigervision/potenzial-gespraech
oder schreibe mir unter hallo@tiger-vision.de
Deine Katja

Über die Autorin:

Als Expertin für Markenaufbau und Personal Branding bringt Katja Schlecht Berater, Coaches und Dienstleister mit einer klaren Positionierung und einem uniquem Branding in die Sichtbarkeit – und das seit über 25 Jahren.

Zu Beginn ihrer Karriere hat sie als Kommunikations-Designerin in der Werbebranche Kunden wie MTV, LEVI'S, die Deutschen Bank und der Techniker Krankenkasse erfolgreich in die Sichtbarkeit gebracht und war nominiert beim New York Festival, Gewinnerin beim ADC (Art Directors Club), sowie dem german brand award.

Seit der Gründung ihrer Firma TIGER VISION lebt sie das Thema Marke und Sichtbarkeit mit Passion von innen nach außen. Ihre Vision ist es, nachhaltig so viele Selbständige und UnternehmerInnen wie möglich in die Sichtbarkeit zu bringen. Dazu begeistert sie mit ihrer empathischen Art immer wieder Menschen auf der Bühne, in ihren Workshops und bald auch als Buchautorin.

Warum der Tiger? Der Tiger steht für Mut, Kraft und das Vorankommen als Leaderin und die eigene Vision zum Leben zu erwecken – mit der eigenen Marke und authentischem Personal Branding.

Katja weiß, dass das Thema Sichtbarkeit nicht ohne Persönlichkeitsentwicklung erfolgreich ist und bindet in Ihre Trainings individuell Identity Work mit ein.

Erfahre von Katja, was Markenaufbau mit Persönlichkeitsentwicklung zu tun hat und wie du die Scheu überwindest, dich in der Öffentlichkeit zu präsentieren.

Katja Schlecht TIGER VISION | BRAND CONSULTING
TOP100 Coaches & Berater ERFOLG MAGAZIN
https://www.linkedin.com/in/katjaschlecht-tigervision/
www.tiger-vision.de

MICHAELA ORTMAYER: ERFOLG UND GLÜCK – ZWEI SEITEN DERSELBEN MEDAILLE?

Welche Erkenntnis hat dein Leben nachhaltig verändert?

Eine der bedeutendsten Erkenntnisse, die ich auf meinem Weg als Unternehmerin gemacht habe, ist, dass Erfolg und Glück nicht zwangsläufig zusammengehören. Lange Zeit dachte ich, dass äußerer Erfolg – mehr Kunden, mehr Anerkennung, finanzielle Stabilität – der Schlüssel zu persönlichem Glück sei.

Doch je mehr ich erreichte, desto deutlicher wurde mir, dass der äußere Erfolg allein keine innere Zufriedenheit bringt. Diese Erkenntnis hat mein Leben und meinen beruflichen Weg grundlegend verändert: Glück ist nicht die automatische Folge von Erfolg, sondern eine bewusste Entscheidung, die wir täglich treffen müssen.

Dieser Perspektivwechsel hat mir geholfen, zu verstehen, dass Erfolg alleine nicht alles ist. Selbst in den Zeiten, in denen mein Business florierte, fühlte ich mich oft innerlich leer und erschöpft. Der ständige Druck, das nächste große Ziel zu erreichen, die Familie und meine Klient*innen zufriedenzustellen oder mich ständig zu verbessern, führte dazu, dass ich den Blick für die Dinge verlor, die mich wirklich glücklich machen.

Durch diese Erkenntnis habe ich angefangen, bewusst zu hinterfragen: Was bedeutet Erfolg wirklich für mich? Und wie kann ich gleichzeitig meinen beruflichen Ehrgeiz und mein persönliches Wohlbefinden miteinander in Einklang bringen?

Welche Gewohnheiten oder Routinen haben deinen Erfolg gefördert?

Im Laufe der Zeit habe ich eine einfache, aber unglaublich wirkungsvolle Methode entdeckt, um meine Erfolge bewusster wahrzunehmen: die **Done-Liste**. In der Geschäftswelt, vor allem als Unternehmerin, besteht der Alltag oft aus einer scheinbar endlosen Liste von Aufgaben. Man arbeitet ständig an To-Do-Listen ab, fokussiert sich darauf, was noch zu tun ist – und vergisst dabei, was man bereits erreicht hat.

Die Done-Liste ist eine Umkehr dieses Prinzips: Statt nur festzuhalten, was ich noch erledigen muss, halte ich täglich fest, was ich bereits geschafft habe. Am Ende eines jeden Tages nehme ich mir die Zeit, zurückzublicken und zu würdigen, was gut gelaufen ist. Es mag sich banal anhören, aber dieser kleine Perspektivwechsel hat mir geholfen, meine Erfolge viel stärker zu schätzen – nicht nur die großen Meilensteine, sondern auch die kleinen, alltäglichen Fortschritte.

Und das hat eine enorme Wirkung auf meine Motivation und mein Selbstwertgefühl. Es gibt mir das Gefühl, dass ich vorankomme, selbst an Tagen, an denen die großen Ziele noch in weiter Ferne liegen. Besonders an stressigen Tagen, wenn der Druck hoch ist und ich das Gefühl habe, nichts zu schaffen, hilft mir die Done-Liste, meinen Fortschritt sichtbar zu machen. Ich sehe, dass ich kontinuierlich etwas erreiche – und das motiviert mich, weiterzumachen.

Diese Gewohnheit hat mir auch geholfen, meine Einstellung zu meiner Arbeit zu verändern. Früher war ich oft frustriert, weil ich das Gefühl hatte, nie genug zu tun. Jetzt erkenne ich, wie wichtig es ist, jeden Schritt auf dem Weg zu schätzen. Jeder kleine Fortschritt ist ein Erfolg, und wenn ich mir bewusst mache, was ich alles erreicht habe, stärkt das nicht nur mein Selbstbewusstsein, sondern auch meine Energie und Freude an meiner Arbeit. Ich bin überzeugt, dass dieser Fokus auf die kleinen Erfolge ein Schlüsselfaktor ist, um langfristig motiviert und zufrieden zu bleiben.

Wie gehst du mit Rückschlägen um?

Rückschläge gehören unweigerlich zum Leben einer Unternehmerin. Früher haben sie mich oft aus der Bahn geworfen. Wenn ein Projekt scheiterte oder ein Ziel nicht erreicht wurde, war ich frustriert und zweifelte an mir selbst. Doch mit der Zeit habe ich gelernt, Rückschläge anders zu betrachten. Sie sind keine Zeichen von Scheitern, sondern wertvolle Lernchancen.

Eine der wichtigsten Veränderungen, die ich in meinem Denken vorgenommen habe, ist die Erkenntnis, dass jeder Rückschlag eine Möglichkeit ist, stärker zu werden. Statt mich auf das Negative zu konzentrieren, habe ich gelernt, Fragen zu stellen: „Was kann ich aus dieser Situation lernen? Was hätte ich anders machen können? Was nehme ich für die Zukunft mit?" Diese Herangehensweise hat meine Einstellung zu Fehlern und Herausforderungen grundlegend verändert. Heute weiß ich, dass Rückschläge unvermeidlich sind – aber sie definieren nicht meinen Wert oder meinen Erfolg. Vielmehr sind sie Teil des Wachstumsprozesses.

Eine weitere Hilfe ist der Austausch mit anderen Unternehmerinnen. Besonders in schwierigen Zeiten ist es ungemein wertvoll, sich mit

Menschen auszutauschen, die ähnliche Erfahrungen gemacht haben. Dieser Austausch erinnert mich daran, dass ich nicht alleine bin und dass auch andere mit ähnlichen Herausforderungen kämpfen. Oft sind es diese Gespräche, die mir neue Perspektiven eröffnen und mich motivieren, weiterzumachen. Rückschläge gehören zum Leben – aber sie sind auch der Moment, in dem man wächst und die eigene Stärke entdeckt.

Fazit

Erfolg und Glück sind nicht automatisch zwei Seiten derselben Medaille. Es bedarf bewusster Entscheidungen und Routinen, um ein Gleichgewicht zwischen beidem zu finden. Die Done-Liste hilft mir, meine kleinen Erfolge zu feiern und mich auf das Positive zu fokussieren, was meine Motivation und mein Selbstwertgefühl stärkt. Gleichzeitig habe ich gelernt, Rückschläge als Lernchancen zu betrachten und mich nicht von ihnen entmutigen zu lassen.

Diese Erkenntnisse haben mir geholfen, nicht nur beruflich erfolgreich zu sein, sondern auch eine tiefe innere Zufriedenheit zu finden. Erfolg bedeutet für mich heute nicht nur, meine beruflichen Ziele zu erreichen, sondern auch jeden Schritt auf dem Weg zu feiern – und genau das macht mich glücklich.

Diese Erfahrungen haben mich dazu inspiriert, das Erfolgs Bremsen Löser-Konzept zu entwickeln, das Unternehmerinnen dabei unterstützt, ihren Business-Erfolg besser mit persönlichem Glück zu verbinden. Denn wahre Erfüllung entsteht, wenn beruflicher Erfolg und privates Wohlbefinden in Einklang gebracht werden.

Michaela Ortmayer

Über die Autorin:

Hypnotiseurin & ErfolgsBremsenLöserin

Seit 2012 hat Michaela Ortmayer mehr als 1000 Menschen auf ihrem Weg der Veränderung begleitet. Ihre langjährige Erfahrung ermöglicht es ihr, Unternehmerinnen gezielt dabei zu unterstützen, berufliche Erfolge mit persönlichem Glück in Einklang zu bringen. Die bewährten und effizienten Hypnose-Techniken fördern in kurzer Zeit positive und nachhaltige Veränderungen.

In ihrem Buch **„Erfolgreich aber glücklich – 7 Unternehmerinnen-Lifehacks: Business-Erfolg UND privates Glück“** vermittelt sie praxisnahe Strategien, wie Karriere und privates Wohlbefinden harmonieren können. Die Lifehacks werden durch inspirierende Geschichten vermittelt. Sieben Unternehmerinnen kommen im „Retreat der Möglichkeiten“ zusammen, um ihre Herausforderungen zu teilen und gemeinsam Lösungen zu finden.

Michaela Ortmayer bietet außerdem in der dazugehörigen Community „Erfolgreich aber glücklich“ Unternehmerinnen die Möglichkeit, sich mit Gleichgesinnten zu vernetzen, wertvolle Lifehacks zu entdecken und tiefgehende Methoden anzuwenden, um ihre beruflichen Ziele und das private Wohlbefinden noch besser in Einklang zu bringen.

Business-Erfolg UND privates Glück müssen kein Widerspruch sein. Mit Hypnose und gezielten Lifehacks findest du die Balance.

Scanne den QR-Code und erfahre mehr darüber, wie du deine beruflichen Erfolge besser mit privatem Glück verbinden kannst.

Kontaktdaten

E-Mail-Adresse: michaela@erfolgsbremsenloesen.jetzt
Website: Erfolgsbremsenloesen.jetzt
Telefonnummer: 02572 9515688
Du bist nach außen super erfolgreich - aber bist du auch glücklich?
Nutze den QR Code für den Test

WIE DU IN WENIGEN SCHRITTEN STRATEGIEN ZUR BEWÄLTIGUNG EINER KRISE ENTWICKELST UND DICH FÜR KÜNFTIGE WAPPNEST!

Eine Krise kommt meist unerwartet!

Winter 2022: Plötzlich! Unerwartet! Eine Nachricht, die schlagartig mein Leben veränderte. In Sekundenschnelle schnürte es mir die Kehle zu, ich hatte das Gefühl zu ersticken und begann zu hyperventilieren. Mein Herz schlug wie verrückt, zitterte am ganzen Körper und hörte die inneren Schreie von aufkommender Panik. Ich war unfähig einen klaren Gedanken zu fassen und konnte meine Gliedmaßen nicht mehr kontrollieren.

Es war ein ganz normaler Freitagabend im Winter gewesen. Nach einem erfüllten Arbeitstag hatte ich den Haushalt erledigt und die Kinder ins Bett gebracht. Ich kam gerade zur Ruhe und hatte es mir gerade gemütlich gemacht, als diese eine plötzliche Nachricht mein bisheriges Leben vollkommen aus den Angeln hob. Mein Mann erklärte mir, dass er seit 2 Monaten eine Beziehung mit einer anderen Frau habe und die unsrige sofort beendet. Ich war wie vor den Kopf gestoßen. Ohne jegliche Vorwarnung. Er hatte sich rein gar nichts anmerken lassen und über die letzten Wochen ein Doppelleben geführt. Ich tobte, schrie, heulte schwall- und krampfartig, unfähig zu begreifen, was passiert war. Ein Loch tat sich auf, dass sich die nächsten Monate nicht mehr schließen sollte und nicht nur meinen, sondern auch den Alltag der Kinder massivst verändern würde.

Vielleicht hast Du eine solche oder ähnliche Situationen schon selbst erlebt. Eine plötzliche schicksalshafte Nachricht oder ein Ereignis stellen das eigene Leben von einer Sekunde auf die andere auf den Kopf und verändern dieses schlagartig.

Was Krisen nach sich ziehen und wie sie sich auswirken!

Wer kennt sie nicht?! Persönliche Krisen, in Form von anhaltenden Pechsträhnen, Schicksalsschlägen bzw. Situationen, die einen aus der Komfortzone katapultieren. Krisen zählen mitunter zu den größten Herausforderungen im eigenen Leben.

Wer das schon erlebt hat, wünscht sich nichts mehr, als diesen zu entfliehen. Die Auswirkungen sind meist ähnlich:

Sie bringen einen in eine Überforderung, lassen uns in Schockstarre verfallen oder nehmen uns gar völlig ein. Krisen können lähmen. Sie nehmen uns den Blick für die positiven Dinge im Leben, vernichten unsere Energie und blockieren uns. Man fühlt sich schlecht, die eigene Zuversicht schwindet und die Motivation geht gegen Null.

Begleitet sind sie mitunter von Schlafmangel und Ängsten aller Art bis hin zum eigenen Kontrollverlust.

Hat man diese jedoch identifiziert und erkannt, bieten diese gleichzeitig aber auch eine Chance bzw. ein großes Potential daran persönlich zu wachsen und sich für künftige zu rüsten.

So unmöglich es einem erscheint, sich aus dieser Krise zu befreien, umso wichtiger ist dies.

Eine langanhaltende Krise ohne entsprechende Bewältigungsstrategien kann in weiterer Folge zu psychosomatischen Beschwerden mitunter begleitet von Schlaf-, Essstörungen, Stress, Suchtverhalten oder anderen negativen Begleiterscheinungen führen.

Erste Hilfe in Krisensituationen

Um sich nun aus einer Krise zu befreien, gilt es diese zu erkennen und anzunehmen. Zu Beginn zeigt sich oft eine Phase des „Nicht-Wahrhaben-Wollens“, gefolgt von chaotischen Gefühlen verschiedenster Art. Hat man diese jedoch erst einmal sortiert, kann eine Neuorientierung erfolgen und ein neuer Selbst- oder Weltbezug hergestellt werden.

Die 6 Meilensteine, die dir helfen, sich aus einer Krise zu befreien!

1. **Eine Krise – ein Lebensbereich**
   In einem 1.Schritt darf man sich bewusst machen, dass eine Krise meist nur einen Lebensbereich betrifft, auf den man sich gerade in diesem Moment fokussiert. Hilfreich ist demnach die Dinge, die funktionieren, die abseits der Krise noch vorhanden sind, zu beleuchten und vordergründig wahrzunehmen. Diese gewohnten Personen, Situationen und auch Alltagsrituale geben Halt und Stabilität. So kann eine morgendliche Atemübung oder eine Meditation helfen, sich gleich zu Beginn des Tages in eine andere Stimmung zu bringen und etwas zu erden. Wiederholt ausgeführt, wird dieses Ritual zu einer festen Gewohnheit, die sich in jeder deiner Zellen abspeichert.

2. **Perspektivenwechsel zulassen**
Darüber hinaus hilft es aus dem eigenen Gedankenkarussell auszusteigen, um eine Außensicht zu generieren und einen Perspektivenwechsel zu ermöglichen. Was auch immer passiert, passiert aus einem Grund und wir können es leider oft nicht kontrollieren. Da ist es oft hilfreich, die Situation zu akzeptieren, wie sie ist. Es bringt es nichts, sich darüber den Kopf zu zerbrechen und sich Geschichten auszumalen. Damit machen wir uns nur das Leben nur unnötig schwer. Meistens kommt es nämlich sowieso ganz anders, als wir es uns vorgestellt haben.

Und auch wenn letzten Endes wirklich etwas Schlimmes passiert, gibt es -auch wenn das manchmal schwer zu begreifen ist- einen vielleicht noch so geringen Lerneffekt. Gleichzeitig können sich uns dadurch neue Möglichkeiten, die wir vorher nie gesehen oder wahrgenommen haben, auftun bzw. eröffnen. Das Leben wird vielleicht in eine ganz andere Richtung gedrückt, mit der wir nie gerechnet hätten. Man erfährt oder erkennt bereits, dass alles im Leben einen Sinn hat oder eine ungeahnte Möglichkeit eröffnet, auch wenn sich diese nicht gleich erschließen oder erkennbar sind. Bei mir war es tatsächlich so, dass ich mich in meiner Krise begonnen habe, mit der Persönlichkeitsentwicklung beschäftigt und sogar die psychosoziale Ausbildung begonnen habe. Im Rahmen dessen habe ich erkannt, dass ich hierbei nicht nur meine Themen aufarbeiten konnte, sondern nun auch andere begleiten kann, ihre zu lösen.

Mit diesem Gedanken im Hinterkopf fällt es uns bereits etwas leichter, der negativen Gedankenspirale zu entkommen.

3. **Rein in eine positive, zuversichtliche Haltung**
   In einem 3.Schritt erweist sich eine positive, zuversichtliche Haltung von Vorteil. Hierbei werden aktuelle Schwierigkeiten nüchtern reflektiert. Ein gewisser Vertrauensvorschuss in die Zukunft kann trotz aktueller Krise neue Perspektiven und Handlungsspielräume ermöglichen.

   Zuversicht bringt einen zur Überzeugung, die eigene Zukunft mitgestalten zu können. Man kommt zur Einsicht, dass es sich lohnt, den nächsten Schritt zu tun.

   Es ist wissenschaftlich sogar erwiesen, dass eine optimistische, zuversichtliche Haltung einerseits das Immunsystem stärkt, andererseits auch einen positiven Einfluss auf den Dopaminhaushalt hat. Ein Mangel dieses Neurotransmitters kann die Entwicklung zu Depressionen verstärken.

   Zuversicht kann als eine innere Einstellung verstanden werden: Man setzt sich Ziele, findet Wege, motiviert sich, diese Wege zu beschreiten und so das eigene Ziel zu erreichen.

   Ich habe durch meine Krise gelernt, einfach darauf zu vertrauen, dass mir nun andere, neue Wege zur Verfügung stehen. Ich öffnete mich für neue Situationen und Menschen und durfte dadurch Dinge kennenlernen, die ich ohne diesen Schlag in meinem Leben nicht erfahren hätte dürfen.

4. **Raus aus der Opferrolle**
   In einem 4. Schritt gilt es, die Opferrolle zu reflektieren und abzulegen. Die Sache mit der Opferrolle ist nämlich folgende! Es ist einfach anderen Personen oder Umständen die Schuld an dem derzeitigen Zustand zu geben. Doch man muss sich

gewiss sein, wem man die Schuld gibst, gibt man die Macht. Bei der Schuldzuweisung auf andere besteht kein Anlass sich oder die damit verbundenen Umstände zu (ver)ändern.

Es solcher Zustand hemmt jedoch das "Opfer" in seiner Weiterentwicklung. Es verharrt in Stillstand und hofft auf bessere Zeiten. Hierfür ist es nun wichtig, sich aus der vermeintlichen Opferrolle zu begeben, um wieder selbst das Ruder in die Hand zu nehmen und sein Leben aktiv gestalten bzw. beeinflussen zu können. Nur dann kann man vom Opfer zum Schöpfer deiner Umstände, deines Glücks konvertieren. Mit dem bewussten Committment etwas ändern zu wollen, ist ein weiterer Schritt getan.

Auch ich befand mich am Anfang der Krise ganz tief in der Opferrolle und habe mich gefragt, warum Krisen immer nur mir passieren. Gleichzeitig habe ich meinem Mann die volle Schuld für das Scheitern gegeben. Jedoch durch Gespräche mit anderen habe ich erkannt, dass man niemals den anderen verändern kann, sondern immer nur sich selbst. Durch das Übernehmen der Verantwortung der eigenen Handlungen, die vielleicht auch zu dem Hergang der Situation beigetragen haben, wurde ich wieder Herrin über mein Leben und konnte wieder beginnen, aktiv und selbstbestimmt zu handeln.

5. **Dankbarkeit als Mehrwert**

Um stückchenweise die Krise zu überwinden und den Fokus wieder auf das Positive zu legen, hilft es in einem 5.Schritt sich allem bewusst zu werden, wofür man dankbar ist oder sein kann. Das Führen eines Tagebuchs kann sich hierbei als hilfreich erweisen. Hierbei schreibt man z.B. 3 Dinge täglich auf, für die man zutiefst dankbar ist, wie z.B. dass man von lieben Menschen umgeben ist, gute Gespräche führt oder einfach nur, dass die Sonne scheint.

6. **Soziale Kontakte als Unterstützer**
   Zusätzlich hilft es auch nicht sich zu verkriechen, sondern sich in einem 6.Schritt mit sozialen Kontakten zu umgeben. Hier sollte man jedoch darauf achten, nicht nur Probleme zu wälzen und die Krise in alle Details zu zerlegen, sondern auch Erfahrungen auszutauschen und positive Aspekte des Beisammenseins einfließen zu lassen.

Fazit

Zusammenfassend darf man im Hinterkopf behalten, dass die aktuelle Krise vielleicht nicht die letzte gewesen sein wird. Selbst wenn, hat man nun Strategien entwickelt, die einen diese schneller bewältigen lassen. Krisen kommen und gehen. Die Frage ist nur, wie man mit diesen umgeht. Lernt man diese anzunehmen, nach vorne zu schauen, zuversichtlich zu sein und mit Hilfe eines bestärkenden Umfelds diese zu überwinden, ist der Weg frei, für ein erfüllteres, entspannteres Leben.

Hast Du Zweifel und Bedenken, alleine eine Krise überwinden zu können, dann helfe ich dir Blockaden zu lösen und dein Mindset zu stärken, um ein erfülltes, selbstbestimmtes Leben führen zu können.

Lass es uns gemeinsam angehen!
Deine Helga

Über die Autorin:

Zu Beginn ihrer Karriere hat Helga Badelt im Rahmen ihres Interesses für Grundlagenforschung Ernährungswissenschaften an der Uni Wien studiert und ihr Doktorat in Lebensmittel- und Biotechnologie an der Universität für Bodenkultur erfolgreich absolviert. Neben ihrer Begeisterung für ernährungsrelevante Themen hat sie begleitend eine Aerobic Trainer Ausbildung abgeschlossen und Klienten in Fitnesscentern und Volkshochschulen begleitet.

Seit 10 Jahren ist sie an der Medizinischen Universität Wien im kardiovaskulären Bereich tätig, wo sie Grundlagenforscher und Kliniker des Allgemeinen Krankenhauses (AKH) in Wien zur Prävention und Bekämpfung von Herzkreislauferkrankungen -als weltweit häufigste Todesursache- miteinander vernetzt.

Aufgrund zahlreicher eigener Krisen tauchte sie mehr und mehr in das Feld der Persönlichkeitsentwicklung ein. Nachdem sie gemerkt hat, dass dieser Tätigkeitsfeld und Wissen nicht nur ihr, sondern auch ihrem Umfeld von großem Wert ist, hat sie berufsbegleitend die Mentalcoach-Ausbildung absolviert und wird in Kürze die Ausbildung zum Lebens- und Sozialberater abschließen.

ANETT STIMMEDER: ZEIT – WIE ICH VON ZEITMANAGEMENT ÜBER ZEITPLANUNG ZUR ZEITOPTIMIERUNG KAM

Als der Vorschlag kam, sich an einem E-Book über die „Erfolgsgeheimnisse der Leading Ladies“ mit einem Beitrag zu beteiligen, war ich sofort Feuer und Flamme. Mein erster Impuls war es, darüber zu schreiben, die eigenen WERs zu finden. Denn egal, welches Projekt ich als Leading Lady in Angriff nehme, es gibt mit Sicherheit jemanden da draußen, der etwas Ähnliches bereits vor mir getan hat. Von dessen Erfahrungen ich lernen kann.

Gerade zu Beginn der Selbstständigkeit sind die WER eine unheimliche Unterstützung. Was mir jedoch nicht nur in der Selbstständigkeit, sondern bereits vorher in meinen verschiedenen Positionen als Angestellte sehr geholfen hat, ist etwas anderes. Nämlich die Überlegung, wie ich mit meiner Zeit umgehe.

Was bedeutet Zeit eigentlich für mich?

Diese Frage habe ich mir irgendwann einmal gestellt. Genauer gesagt, als ich das Gefühl hatte, mir wird alles zu viel. Ich verrenne mich in dem, was ich mache. Also habe ich mir ein ruhiges Plätzchen gesucht und überlegt, was Zeit für mich bedeutet? Ziemlich schnell kam dann auch die Frage: Wieviel Zeit habe ich eigentlich? Wenn wir uns die durchschnittliche Lebenserwartung in Deutschland oder Österreich anschauen, lag diese 2021 bei Frauen etwa bei 83 Jahren (bei Männern etwa bei 79 Jahren). Als ich mir diese Frage gestellt habe, wurde mir bewusst, okay, die Hälfte der Zeit habe ich schon hinter mir gelassen. Wie will ich also die zweite Hälfte gestalten? Worauf lege ich meinen Fokus und wie teile ich mir meine Zeit ein, um meine Lebensziele zu erreichen?

Zeitmanagement

Ein Zeitmanagement musste also irgendwie geschaffen werden. Also habe ich mir zunächst angeschaut: Womit verbringe ich aktuell meine Zeit? Welche Themen haben welche Gewichtung? [1]Dann habe ich überlegt, bin ich mit der aktuellen Gewichtung zufrieden oder gibt es Bereiche, die vielleicht zu kurz kommen? Mittlerweile nehme ich mir regelmäßig (also einmal im Quartal) meine Liste vor und schaue, ob ich immer noch auf dem richtigen Pfad bin oder ob ich an der Gewichtung etwas verändern muss. Meist weil sich kleine Gewohnheiten eingeschlichen haben, die ich so schnell wieder beheben kann.

Zeitplanung

Als nächstes erstelle ich mir dann eine Liste für die kommende Woche und plane Aktivitäten, die mich in meinen Projekten voranbringen. Dabei habe ich gelernt, lieber etwas großzügiger zu kalkulieren und auch Pufferzeiten einzuplanen, um auf unvorhergesehene Situationen (z.B. das Kind wird krank oder ein neuer Auftrag flattert rein, der kurzfristig abgearbeitet werden darf) reagieren zu können. Wenn ich meine Zeit grob geplant habe, geht's ins Finetuning. Hier nehme

[1] https://www.swp.de/panorama/europa-vergleich-lebenserwartung-statistik-71222251.html (Abruf: 28.08.2024

ich mir jeden einzelnen Tag vor und schaue, welche Top 3 Aufgaben erledige ich an dem jeweiligen Tag, um meinem Wochenziel näher zu kommen. Dabei sind die Top 3 Aufgaben nicht zu groß gestaltet, nehmen also max. 1 Stunde pro Tag ein. Bei der Planung achte ich auch darauf, bewusste Blöcke für Pausen einzutragen und diese dann auch einzuhalten. Einfach mal 5 Minuten von der aktuellen Aufgabe aufzustehen, mich kurz zu bewegen, vielleicht auch einen Schritt vor die Tür gehen und frische Luft einatmen, hilft mir, danach wieder fokussiert, weiterzuarbeiten.

Zeitoptimierung

Als letzten Punkt möchte ich einen Tipp weitergeben, der mir vor Jahren einmal gegeben wurde. Wenn Du dir deinen Wochenplan anschaust, welche Themen sind ähnlich? Als Selbstständige geht es z.B. neben der eigentlichen Arbeit mit oder für deine Kunden auch darum, dich als Experte/Expertin sichtbar zu machen. Gerade am Anfang heißt das also, Beiträge in sozialen Medien veröffentlichen. Aus eigener Erfahrung kann ich sagen, auch mit den vielen Tools, die mittlerweile zur Verfügung stehen, geht da einige Zeit ins Land. Daher habe ich mir mittlerweile angewöhnt, meine Beiträge wochenweise vorzubereiten und dann die Veröffentlichung in den sozialen Medien zu planen, so dass sie automatisiert ausgespielt werden. Das hat den Vorteil, dass ich mich einmal pro Woche hinsetze und überlege, welche Inhalte möchte ich in den nächsten 7 Tagen veröffentlichen. Dann die Beiträge schreibe und eventuell Bildmaterial, Karusselposts etc. vorbereite und dann eine Woche Ruhe damit habe. Ich kann natürlich jederzeit ad hoc etwas veröffentlichen oder die vorbereiteten Materialien anpassen. Der große Vorteil ist allerdings, dass ich mich nicht täglich oder jeden zweiten Tag damit beschäftigen muss. Eine andere Form der Zeitoptimierung ist es, zu schauen, wann bin ich mit welchen Dingen am produktivsten? Nicht jede/r hat den gleichen Biorhythmus, daher ist es gut drauf zu schauen, was kann ich wann am besten erledigen? Im Vertrieb habe ich mir bspw. fixe Zeitblöcke für Erstanrufe eingeteilt. In dieser Zeit habe ich ausschließlich telefoniert. Zu jedem Telefonat habe ich mir Notizen gemacht und erst im Anschluss an den Telefonierblock die entsprechenden E-Mails verfasst und verschickt. Der Vorteil liegt hier darin, dass ich fokussiert meine Leadliste abgearbeitet habe und nicht vom E-Mail verfassen zwischendurch abgelenkt wurde. Diesen Tipp habe ich dann auch an meine Teammitglieder gegeben und die Produktivität konnte merklich gesteigert werden.

Tipps für die Leserschaft:

Neben den bereits genannten Möglichkeiten, vom Zeitmanagement in die Zeitoptimierung zu kommen, möchte ich der Leserschaft noch folgende Tipps mitgeben:

- Eine Aufgabenliste erstellen ist gut und schön. Sich für die jeweiligen Aufgaben feste Zeiten in den Kalender einzutragen, hilft dabei die Tages-, Wochen- oder Monatsziele wirklich zu erreichen.
- Ebenfalls in den Kalender trage ich mir feste Zeiten für Pausen ein UND auch Zeiten, die ich für mich nehme (Yoga, laufen, spazieren,…) bzw. auch Zeiten für Familie und Freunde. Diese Zeiten sind genauso wichtig, wie die Projektzeiten, denn sie liefern mir Energie für weniger gemachte Themen (z.B. Buchhaltung).
- Wiederkehrende Aufgaben bündeln und an spezifischen Tagen fokussiert abarbeiten (z.B. Beiträge vorbereiten und planen, Newsletter formulieren). Mittlerweile habe ich mir

sogar angewöhnt Nachrichten in sozialen Netzwerken nur noch an ein oder zwei Tagen in der Woche zu beantworten. Das hat den Vorteil, dass ich weniger dazu verleitet werde, dann dort hängen zu bleiben und täglich Content zu durchscrollen.

- Wer ein Terminplanungstool im Einsatz hat, sollte die Zeitplanung mit dem Planungstool abstimmen. Fixe Slots bspw. für Erstgespräche können so eingetragen werden und Terminanfragen von Interessenten torpedieren die eigene Zeitplanung nicht.

Ausgehend von der durchschnittlichen Lebenserwartung – wieviel Zeit bleibt dir noch? Wie möchtest Du sie gestalten, um am Ende zufrieden zurückblicken zu können? Nimm dir jetzt einen Moment, um dich einmal bewusst damit auseinanderzusetzen. Bereits Bruce Lee hat einmal gesagt: „Das Wichtigste im Leben ist die Zeit. Leben heißt, mit der Zeit richtig umgehen.“

Über die Autorin:

Agil & Authentisch: Verbinde Herz und Verstand, um Potenzial zu entfalten.

Anett Stimmeder ist agile Trainerin und Business Coach mit einer klaren Vision: Menschen und Unternehmen dabei zu unterstützen, ihr volles Potenzial zu entfalten. Mit ihrer langjährigen Erfahrung in der Wirtschaft und ihrem fundierten Wissen in agilen Methoden begleitet sie Teams und Führungskräfte auf ihrem Weg zu mehr Eigenverantwortung, Klarheit und Erfolg. Ihr Ansatz basiert darauf, die Strukturen und Denkweisen zu hinterfragen, die oft dazu führen, dass persönliche und berufliche Ziele unerreichbar erscheinen.

Durch praxisnahe Trainings und Coachings hilft sie ihren Kund:innen, ihre Arbeitsweise zu optimieren, sich auf ihre Stärken sowie Werte zu besinnen und gemeinsam nachhaltig erfolgreich zu sein. Ihre Leidenschaft liegt darin, Menschen zu befähigen, ihre Potenziale zu entdecken und authentisch zu leben. Dabei steht nicht nur die Leistung im Fokus, sondern auch die persönliche Weiterentwicklung und das Erreichen der eigenen „Big Five for Life", die sie mit ihren Klient:innen erarbeitet.

Mit einer klaren Struktur und einem empathischen Blick führt sie Teams und Individuen durch Veränderungsprozesse, die ihnen neue Möglichkeiten und Wege aufzeigen. Ihre Arbeit vereint Agilität, Coaching und Persönlichkeitsentwicklung – immer mit dem Ziel, das wahre Potenzial zu erkennen und zu entfalten.

Ihr Motto: **REVEAL YOUR POTENTIAL** – Entdecke, was in dir steckt, und gestalte dein Leben und deine Arbeit mit Sinn und Klarheit.

Kontakt:

kontakt@stimmederanett.com
https://www.stimmederanett.com

Du möchtest mehr über die Themen Werteorientierung, Umgang mit Zeit, oder deine eigenen Big Five for Life erfahren. Oder suchst Du für Dein Unternehmen Unterstützung, um diesen Themen mehr Raum zu geben? Dann geht's hier zu Deinem Kennenlerntermin mit mir.

GABRIELE OEHMICHEN: SCHAU HIN UND WACHSE

Hast du nix bist du nix – du braust Ziele im Leben – von nix kommt nix –

Auf irgendeine Art oder in einem bestimmten Kontext kennst du sie sicher auch, diese Phrasen, die oft schon früh, im Leben zu einem wichtigen Thema gemacht werden.

Mit einem sensiblen und eher kreativen Vater, der diesem Druck von außen langer Zeit ausgesetzt war und sein eigenes Potential sowie seine Talente nie entfalten durfte, lernte ich, dass es wichtig ist zu funktionieren und angepasst zu sein, um dazu zu gehören. Lieb sein und immer brav sich selbst zurückstellen, es anderen recht machen.

So entstehen bereits in früher Kindheit die inneren Antreiber, tief verankerte Glaubenssätze, die unser Verhalten beeinflussen und allzu oft im Leben ausbremsen. Solange diese inneren Antreiber unbewusst bleiben, drehst du dich im Kreis und kannst dir nicht erklären, warum du vieles nicht erreichst, was du dir wünscht. Der Drang danach immer perfekt zu sein, alles schnell zu erledigen oder es allen recht zu machen, hat eine enorme Macht über dein Denken, dein Handeln, deinen Blick auf die Welt und sogar auf dich selbst.

Ein großer Schritt nach vorne ist es, dir deinen inneren Antreiber bewusst zu machen, das gelingt durch Selbstbeobachtung, Gesprächen mit anderen, wie zum Beispiel mit einem Coach, wie es bei mir der Fall war. Es hilft, diesen Prozess mit jemandem durchzugehen, dem du vertraust, denn es gibt sicher immer wieder Momente der Erkenntnis, die schmerzhaft sind oder für den Moment überfordern können. Stelle dir dann vor, du hast eine scharfe Schere in der Hand und im Geiste schneidest du die Gummibänder der Vergangenheit durch, die dich immer wieder in alte Muster zurückziehen.

Sobald du erkennst, welcher Antreiber uns dominiert, kannst du lernen ihn zu hinterfragen und abzuschwächen. Der innere Druck im alten Muster zu handeln, lässt sich steuern, du kannst ihn als positive Motivation nutzen, ohne dich zu überfordern.

Ein weiterer schöner Effekt ist, dass du dich selbst besser kennenlernst und immer mehr wertschätzen kannst. Dein Selbstbewusstsein wächst durch die Erkenntnis, dass es Verhalten und Denkweisen in dir gibt, die tief in dir verankert sind, aber nichts oder wenig mit deinem wahren ICH zu tun haben.

Nach und nach öffnen sich Türen und neue Welten, da sich deine Sicht auf die Welt sowie auf dich selbst verändert. Es ist ein stetiger Prozess des eigenen geistigen Wachstums und im besten Fall, der Selbstliebe. Jetzt hast du die wunderbare Möglichkeit dich selbst zu erkennen und dich lieb zu gewinnen.

Es ist ein befreiendes Gefühl diese Erkenntnisse zu erlangen, den so lang empfundenen und unerklärlichen Druck abfallen zu spüren und somit mehr Energie zu haben, für all die Projekte,

Ziele, Wünsche und Bedürfnisse zu haben, die in dir brodeln und umgesetzt werden wollen.

Egal wo auf dieser schönen Erde, ständig sind Menschen auf der Suche nach Anerkennung und Liebe, ob bewusst oder unbewusst. Oft bemerkst du nicht, dass du dieses Ziel auf deinem Lebensweg immer wieder erreichst. Ganz sicher hast du schon jemandem geholfen, sei es durch ein entgegengebrachtes Lächeln, durch Zuhören, einer Nachfrage oder der einfach nur weil du da bist.

Mache dir deine eigenen Stärken bewusst und feiere dich dafür

Wie kannst du dir deiner Stärken bewusst werden?

Reflektiere deine Erfolge, die du mit Freude und Leichtigkeit erreicht hast.

Frage dich, welche Tätigkeiten dir leichtfallen und dich motivieren.

Frage deine Freunde oder Kollegen nach einem Feedback zu deinen Stärken, denn oft sehen sie mehr in dir als du selbst.

Lerne es anzunehmen, wenn andere dich loben und deine Stärken wertschätzen, das ist wichtig!

Sobald du deine eigenen Stärken kennst, kannst du sie gezielt einsetzen und Herausforderungen meistern, deine Ziele erreichen und dadurch mehr Selbstvertrauen und Zufriedenheit gewinnen.

Wo Stärken sind, sind auch Schwächen

Auch hier kannst du um ein ehrliches Feedback von Freunden und Kollegen bitten.

Sobald du dir deiner Schwächen bewusst bist, hast du die Chance dich mit ihnen auseinanderzusetzen und sie als Lern- und Entwicklungsmöglichkeiten zu betrachten.

Besuche Schulungen oder übe, um dich zu verbessern, bitte um Hilfe.

Um Hilfe zu bitten, weil du dir deiner Schwäche bewusst bist, zeigt echte Stärke.

Niemand ist perfekt und das ist gut so.

Bleib authentisch und handle nach deinen Werten. Deine eigenen Werte sind dein innerer Kompass. Sie leiten dich, geben deinem Leben Orientierung und helfen dir Entscheidungen zu treffen, die mit deinem wahren Selbst im Einklang sind. Je bewusster dir deine Werte sind, desto authentischer kannst du leben. Kennst du deine Werte? Was ist dir wichtig?

Erlaube dir zu wachsen und gib der Welt, was du zu geben hast.

Du bist wichtig und wertvoll.

Von Herzen, deine Gabriele Oehmichen

Über die Autorin:

Gabriele Oehmichen ist Life-und Businesscoach, Mediatorin und Brückenbauerin zwischen den Generationen. Ihr Herzensthema ist die wertschätzende Kommunikation und die Förderung des authentischen Seins. Ihre intensive Reise begann 2015 mit der Entscheidung sich aus ihrer toxischen Beziehung zu befreien. Dieser half ihr, sich mit sich und ihren eigenen Glaubenssätzen und Werten zu beschäftigen und dadurch zu erkennen, wer sie ist und was alles möglich ist.

Dieser steinige und emotional herausfordernde Weg, hat sie viel gelehrt.

Aus ihrer Zeit im kaufmännischen Handel, hat sie jahrelange Erfahrungen und Eindrücke im Bereich der Ausbildung von jungen Menschen gesammelt. Sie weiß um die Herausforderungen und Wichtigkeiten, die es braucht um ein Wir-Gefühl auch im Team zu erschaffen. Dieses erlangte Wissen und ihre beruflichen sowie persönlichen Erfahrungen helfen dabei, einander wieder zuzuhören und aufeinander zuzugehen.

Gerade im Hinblick auf die neuen Generationen und deren Sicht auf die („Arbeits")-Welt, liegt es ihr am Herzen zu unterstützen und zu verbinden.

Die Herausforderungen in diesem Bereich erkennt sie, nicht allein, dadurch, dass sie selbst drei Kinder im Teenager-Alter hat.

Mit Engagement und Herz widmet sich der Förderung des unternehmerischen, persönlichen und zukunftsorientierten Erfolg ihrer Kunden.

Gabriele lebt und arbeitet in und um Hamburg, sowie auf Mallorca.

https://transformationshafen.de

ANNE SEIDEL: DER WEG ZUM ERFOLG

Meine Reise durch Rückschläge und persönliche Entwicklung

Der Beginn meines Karrierewegs war alles andere als leicht. Ich befand mich in einem schmerzhaften Tiefpunkt wieder, ausgelöst durch einen persönlichen Tiefschlag, der alles in Frage stellte, woran ich bis dahin geglaubt hatte. Gefangen in einer Situation, die sich aussichtslos fühlte, schien es, als ob alle meine Bemühungen ins Leere liefen und meine Perspektive sich zunehmend verengte. Ich befand mich in einer Phase der Hilflosigkeit und Unwissenheit, die meine Selbstzweifel noch verstärkten. Doch genau in diesem Moment, inmitten der Dunkelheit und Verzweiflung, entschied ich mich für eine Kehrtwende: Ich würde diese Krise nicht als mein Ende akzeptieren, sondern als den Ausgangspunkt einer tiefgreifenden Transformation.

Persönliche Entwicklung als Schlüssel zum Erfolg

Die Entscheidung, meine Persönlichkeit zu entwickeln und nach vorne zu blicken, war der Beginn eines intensiven und bereichernden Prozesses. Ich erkannte, dass die wahre Veränderung von innen kommen musste und begann, mich auf meine persönliche Entwicklung zu konzentrieren. Ich tauchte in Literatur ein, die mich inspirierte und lehrte, meine innere Stärke zu finden. Webinare und Kurse eröffneten mir neue Perspektiven und halfen mir, meine Fähigkeiten zu erweitern. Mit reflektierenden Journalen konnte ich meine Gedanken ordnen und meine Fortschritte festhalten. Ich legte alte, hinderliche Gewohnheiten ab und entwickelte neue Routinen, die mich jeden Tag weiter brachten. Diese neue Ausrichtung auf kontinuierliches Lernen und Wachstum machte mir deutlich, dass ich auf dem richtigen Weg war und half mir, meinen eigenen Weg zum Erfolg zu finden.

Die Kraft des Umfelds

In dieser Phase erkannte ich auch die immense Bedeutung der richtigen Menschen zur richtigen Zeit an meiner Seite. Es waren Mentoren, Unterstützer und Gleichgesinnte, die mir halfen, meinen Horizont zu erweitern und mich in meinen Ambitionen zu bestärken. Wie Warren Buffet es ausdrückt: „Umgib dich oft mit Leuten, die besser sind als du. Es wird auf dich abfärben." Diese Beziehungen waren nicht nur Quelle der Inspiration, sondern auch des Trostes und der Ermutigung. Der Austausch mit Menschen, die bereits weiter waren als ich, gab mir wertvolle Einblicke und half mir, meine Ziele mit frischem Enthusiasmus zu verfolgen.

Negative Glaubenssätze auflösen

Ein wesentlicher Bestandteil meiner Entwicklung bestand darin, mich bewusst mit meinen negativen Glaubenssätzen auseinanderzusetzen. Ich begann, mit Meditationen zu arbeiten, die mir halfen, meine inneren Blockaden zu erkennen und zu lösen. Affirmationen wurden zu einem täglichen Begleiter, der mein Selbstbewusstsein stärkte und meine Perspektive auf meine Fähigkeiten veränderte. Zudem scheute ich mich nicht, mir professionelle Hilfe zu suchen, um tief verwurzelte Überzeugungen aufzudecken und zu transformieren. Dieser Prozess der Selbstreflexion und bewussten Veränderung ermöglichte es mir, ein starkes Vertrauen in meine eigenen Fähigkeiten zu entwickeln und mich von einschränkenden Denkmustern zu befreien.

Der Glaube an mich und meine Ziele

Der Glaube an mich selbst und meine Ziele wurde zu einem festen Bestandteil meines Mindsets. Ich lernte, meinen eigenen Wert zu erkennen und mich nicht von den Zweifeln anderer beeinflussen zu lassen. Unbeirrt ging ich meinen Weg, ließ mich von Kritik oder Unverständnis nicht entmutigen. Stattdessen holte ich mir Menschen an meine Seite, die mich positiv unterstützen konnten. Wie es in dem Sprichwort heißt: „Der Glaube versetzt Berge." Diese innere Überzeugung trug mich durch alle Höhen und Tiefen, stärkte meinen Fokus und ließ mich niemals an meiner Vision zweifeln.

Abwendung von toxischen Beziehungen

Ein weiterer entscheidender Schritt war die Abwendung von Menschen, die mir nicht guttaten. Negative Einflüsse und toxische Beziehungen können den Erfolg erheblich bremsen. Es war jedoch nicht immer einfach, mich von Menschen zu distanzieren, die ich schon lange kannte und mit denen ich viel gemeinsam erlebt hatte. Doch als ich erkannte, dass sie nicht mehr auf den Weg passten, den ich nun eingeschlagen hatte, war es notwendig, diese Beziehungen zu überdenken. Indem ich mich von solchen Menschen distanzierte, schuf ich Raum für positive, unterstützende Beziehungen, die mein Wachstum förderten.

Sich nicht von Rückschlägen unterkriegen lassen

Auf meinem Weg, der sich über Jahre erstreckte, musste ich mit vielen Rückschlägen kämpfen. Diese Rückschläge bereiteten mir oft große Schmerzen und ließen mich immer wieder an mir selbst zweifeln. Alte Glaubenssätze tauchten auf und stellten meine neu gewonnene Stärke auf die Probe. Es gab Momente, in denen ich ans Aufgeben dachte, in denen die Herausforderungen überwältigend schienen. Doch trotz des Schmerzes fand ich immer wieder die Kraft, weiterzumachen. Mein starker Wille und der unerschütterliche Glaube an mich selbst und meine Ziele ließen mich nicht los. Jeder Rückschlag wurde zu einer Lektion, ein weiteres Puzzleteil auf dem Weg zu meinem Erfolg. Es war dieser Glaube an mich selbst, der mich trotz aller Zweifel vorantrieb und mir zeigte, dass der Schlüssel zum Erfolg darin liegt, niemals aufzugeben und unerschütterlich an die eigenen Träume zu glauben.

Der unerschütterliche Wille, niemals aufzugeben

Der wichtigste Ratschlag, den ich auf meinem Karriereweg erhielt, war, niemals aufzugeben. Es ist dieser unerschütterliche Wille, der uns dazu bringt, trotz aller Widrigkeiten weiterzumachen. Jeder Schritt, jede Anstrengung, jede Herausforderung ist ein Teil des Prozesses. Und selbst wenn es schwerfällt, ist es entscheidend, aufrechtzuerhalten, weiterzumachen und an den eigenen Zielen festzuhalten.

Zusammenfassung

Meine Karriere begann in einer tiefen persönlichen Krise, die mich dazu veranlasste, eine grundlegende Veränderung anzustreben. Ich setzte auf persönliche Entwicklung, indem ich inspirierende Literatur las und mich von Menschen umgab, die mich voranbrachten.

Ich überwand negative Glaubenssätze durch Meditation und Unterstützung, distanzierte mich von toxischen Beziehungen und lernte, Rückschläge als Chancen zur Weiterentwicklung zu nutzen. Durch all diese Erfahrungen wuchs mein Selbstvertrauen und meine Entschlossenheit. Ich empfehle jedem, an sich selbst und seine Träume zu glauben, unermüdlich an sich zu arbeiten und sich nicht von Zweifeln oder Hindernissen abhalten zu lassen.

Über die Autorin:

Führungs-und Verkaufsexpertin im Einzelhandel

Anne Seidel ist Filialleiterin in einem großen Modehaus und verfügt über langjährige Erfahrung in den Bereichen Führung und Verkauf. Nach mehr als 7.500 erfolgreichen Verkaufsabschlüssen begann sie, Führungskräfte und Mitarbeiter im Einzelhandel zu coachen und zu trainieren. Mit über 18 Jahren Trainings- und Coaching-Erfahrung sowie ihrer Ausbildung zum Mentalcoach kann sie sich individuell auf die Bedürfnisse ihrer Teilnehmer einstellen. Sie kennt die Herausforderungen aller Hierarchie-Ebenen – vom Azubi bis zur Führungskraft – und bringt jahrzehntelange, praktische Erfahrung in Verkauf und Führung mit.

Genau diese Kombination aus praktischer Expertise und tiefem fachlichen Wissen schätzen ihre Auftraggeber besonders. Anne Seidels Einsatz führt nicht nur zu signifikant steigenden Umsatzzahlen, sondern auch zu einer außergewöhnlich hohen Mitarbeitermotivation und einer steigenden Identifikation mit dem Unternehmen. Ihr Slogan „Verkauf begeistert" spiegelt ihre Leidenschaft für Vertrieb und Führung wider. Zudem meistert die 46-jährige Mutter von sechs Kindern ihre vielfältigen Aufgaben mit bemerkenswerter Organisation und Engagement.

Kontakt:
info@anneseidel-coach.de
https://www.anneseidel-coach.de

Ihr Code zu Ihrem kostenlosen 30-minütigen Orientierungsgespräch

JENNIFER SCHWARZ: SCHUSS MIT STEINEN IM WEG, BAU DEIN SCHLOSS

Eine praktische Anleitung, um Hindernisse zu überwinden und das Fundament für ein erfüllendes Leben zu legen

Kennst Du sie auch, die Steine im Weg, die unser Leben schwer machen?

Die dement kranke Schwiegermutter? Der ungerechte Partner? Der Vater, der schon immer die Schwester bevorzugt hat?

Manche dieser Steine erscheinen einem klein und lassen sich leicht zur Seite schieben, andere wirken wie massive Felsbrocken, die unüberwindbar sind. Doch genau diese Steine – ob groß oder klein – sind es, die uns auffordern, unsere Stärken zu entwickeln um letztlich das Fundament für unser Leben in Glück und Erfüllung zu legen. Dieser Artikel zeigt Dir, wie Du diese Steine nicht nur aus dem Weg räumst, sondern sie als Bausteine nutzt, um Dein eigenes Schloss zu errichten.

Stell Dir vor, Du stehst vor einem Pfad, der von Steinen übersät ist. Der erste Schritt besteht darin, die Steine bewusst wahrzunehmen.

Als ich noch viel viel jünger war, neigte ich dazu, sie zu ignorieren. „Ach, so schlimm ist es doch gar nicht". Oft hat es eine ganze Weile gedauert, dass ich immer wieder an der gleichen Stelle auf Hindernisse stieß. Übrigens: Der Umstand, dass Du Dich wiederholt energielos und unzufrieden fühlst, sind hilfreiche Hinweise, dass ein Stolperstein umgewandelt werden will in einen Stein in Deinem Schloss.

Hatte ich sie erkannt, war ich eine Meisterin darin, sie zu umschiffen: „Bloß nicht damit konfrontieren." Den Schmerz vermeiden, koste es,was es wolle

Ich sehe mich auch noch vor Augen, wie ich nicht müde wurde, mich über sie zu beklagen. Die bösen anderen. Wenn „der" nicht wäre, und wenn „die jenes" besser machten…

Heute, viele Jahre später, sehe ich den Schlüssel darin, mir die vermeintlichen Hindernisse direkt anzusehen und anzuerkennen, dass sie Teil des Weges sind. Diese Steine können in Form von Selbstzweifeln, Ängsten, negativen Erfahrungen oder äußeren Umständen auftreten. Sie erscheinen manchmal überwältigend, kosten mich den Schlaf meiner Nacht oder rühren mich zu Tränen. Aber jedes dieser Hindernisse birgt eine Chance zur grundlegenden Veränderung und damit zur Verbesserung meines Lebens.

Der nächste Schritt ist das Loslassen. Denn genau genommen haben die Steine eher selten mit gravierenden Ereignissen auf unserem Weg zu tun, Dafür häufiger mit unseren Bewertungen, alten Überzeugungen, die uns nicht mehr dienen, Erwartungen anderer, die wir unbewusst übernommen haben, oder vergangene Fehler, die wir uns nicht verzeihen. Diese mentalen und emotionalen Steine sind mit die schwersten. Du siehst, nicht selten sind sie von uns selbst erschaffen.

Die anderen aus ihrer Schuld zu entlassen, bringt Eigenverantwortung und damit Macht über unser Leben zu uns zurück. Uns selbst aus der Anklage zu entlassen, bringt Entspannung und Kräfte zurück.

Diese Kombination ist essenziell, um Gutes zu bewirken, etwas Neues zu erschaffen, das größer ist, als das, was uns abgehalten hat, unser Leben zu gestalten nach unseren Vorstellungen. Wer die Hände frei hat, kann empfangen: Erlaube Dir, alte Lasten abzuwerfen.

Jetzt kannst Du das Fundament legen und endlich Dein Schoss erbauen

Dies geschieht durch bildhafte Ziele, positive Affirmationen und Visualisierungen, wie ein eigenständiger Film: Wer möchtest Du wirklich sein und wofür steht Dein Schloss? Welche Werte und Träume sind für Dich von Bedeutung? Indem Du diese Fragen ehrlich beantwortest, legst Du den Grundstein für ein Leben, das auf *Deinen* tiefsten Überzeugungen und Wünschen basiert. Visualisiere das Leben, das Du führen möchtest, und lass dieses Bild Dein Bauplan sein, nachdem DU Dein Schloss erstellst.

Natürlich wird es auf dem Weg immer wieder neue Steine geben, die auftauchen. Doch jetzt fließt die Energie statt in die „Angst vor der Zukunft“ in die Gewissheit, dieses Hindernis in eine Stärke umwandeln zu können, als tragende Säule Deines Schlosses. Mit der Überwindung wächst Dein Vertrauen in Deine eigenen Kräfte. Diese Steine sind nicht länger Barrieren, sondern Bausteine, die Dir helfen, Dein Schloss noch größer und stabiler zu machen. Jeder Stein, den Du erfolgreich integrierst, wird Teil Deiner Geschichte – einer Geschichte von Wachstum, Mut und Selbstverwirklichung.

Stelle Dir zum Abschluss dieses Gedankenspiels vor, wie Du vor Deinem fertigen Schloss stehst. Es mag hier und da nicht perfekt sein, vermutlich hat es Ecken und Kanten. Doch es ist Dein Schloss. Du hast es Stein für Stein errichtet, und jeder dieser Steine erzählt

Deine Geschichte von Mut, Überwindung und Neuanfang. Dies ist das Fundament für Dein Leben voller Erfüllung, Freude und Zufriedenheit. In Dir liegt diese unbezwingbare Kraft, Deine Hindernisse in Bausteine zu verwandeln und damit das Leben zu gestalten, das Du Dir erträumst.

Jeder Stein, der Dir im Weg liegt, ist der sanfte Schubser Deiner Seele, Deine Stärke zu entdecken und zu entfalten. Ergreife diese Chance, und beginne noch heute damit, Dein eigenes Schloss zu bauen – Stein für Stein. Denn alles, was Du dafür brauchst, ist schon da und liegt -wortwörtlich- bereits in Deinem Weg. Alles was Du tun musst, es ein wenig „umzuorganisieren".

Expertin für mentale Stärke und Transformation

Als führende Expertin für mentale Stärke und Transformation ist Jennifer Schwarz die treibende Kraft hinter „denken lenken“. Mit über 15 Jahren Erfahrung in der Coaching-Branche hat sie unzählige Menschen unterstützt, ihre mentalen Barrieren zu überwinden und ihr volles Potenzial auszuschöpfen. Ihre Mission ist es, Menschen zu innerer Stärke und Selbstbestimmung zu führen, unabhängig von den Herausforderungen, die sie in ihrem Leben erlebt haben.

Aus eigener Erfahrung weiß Jennifer, wie befreiend es sein kann, sich von alten Mustern und Verletzungen zu lösen. Durch Workshops, inspirierende Vorträge und individuelle Coachings unterstützt sie Menschen, ihr Potenzial zu entfalten und ihre mentalen Barrieren zu überwinden.

Jennifer begeistert in ihren Workshops und auf der Bühne durch ihre mitreißende Art und ihr tiefes Verständnis für die Wechselwirkung blockierender Verhaltensmuster und der daraus resultierenden negativen Emotionen. Mit ihrem beeindruckend tiefen Verständnis für Prägungen und Muster verbindet sie interessante Theorie mit praktischen Techniken, um innere Ressourcen zu aktivieren und schnell Verbesserungen der Lebensumstände zu ermöglichen.

Erlebe, wie du deine Gedanken lenken kannst, um ein erfülltes und selbstbestimmtes Leben zu führen. Lass dich von Jennifer inspirieren und finde heraus, wie du deine mentalen Ressourcen aktivieren kannst, um deine Ziele zu erreichen und deine Träume zu verwirklichen.

Kontakt:
info@jennifer-schwarz.de
https://www.denkenlenken-js.de

Sehnst Du Dich nach mehr innerer Stärke und willst wissen, wie DEIN Unterbewusstsein arbeitet? Ich lade Dich herzlich ein, an einem meiner regelmäßig stattfindenden Online-Trainings teilzunehmen, in denen wir gemeinsam an Deiner persönlichen Transformation arbeiten. Scanne jetzt den QR-Code und melde Dich kostenlos an – ich freue mich darauf, Dich auf Deinem Weg zu unterstützen!

WERDE TEIL DER LEADING LADIES COMMUNITY

Dieses Buch ist nur der Anfang – die wahre Reise beginnt mit dir! Du bist eingeladen, Teil unserer inspirierenden Leading Ladies Community zu werden. Hier treffen sich Frauen, die ihr Leben selbst in die Hand nehmen, sich gegenseitig unterstützen und gemeinsam wachsen.

Es ist an der Zeit, deinen ersten Schritt zu machen und deine Zukunft aktiv zu gestalten. Schließe dich uns an und lass dich von einer Gemeinschaft starker, mutiger Frauen begleiten, die genauso wie du ihren eigenen Weg gehen.

Dein Moment ist jetzt. Werde Teil der Leading Ladies Community!

https://www.skool.com/leading-ladies-circle-5933/about

Zeitfracht Medien GmbH
Ferdinand-Jühlke-Straße 7,
99095 - DE, Erfurt
produktsicherheit@zeitfracht.de

FSC
www.fsc.org
MIX
Papier | Fördert gute Waldnutzung
FSC® C083411